JN299422

現代社会学ライブラリー 2

社会学をいかに学ぶか

舩橋晴俊
Harutoshi Funabashi

Library of
Contemporary
Sociology

弘文堂

社会学をいかに学ぶか|目次

はじめに……………7

第1章 学問的ヒットを打つために……………9
1. 「学問的ヒット」と「学問的空振り」
2. 勉強と研究とはどのように異なるのか
3. 研究と論文とはどう関係するか
4. 良い論文を書くための基礎
5. 良い論文を書くための情報蓄積──三系列のノート

第2章 社会学の牽引力と社会学的想像力……………21
1. 社会学の牽引力
2. 人間論的関心
3. 社会問題的関心と「時代の診断」
4. 「社会学的想像力」とは何か
5. 「社会学的想像力」を支えるミルズの価値理念
6. 社会学的想像力によって、何が可能となるのか

第3章 環境社会学──新幹線公害の事例から……………34
1. 新幹線公害問題とは何か
2. 新幹線公害の解決過程
3. 新幹線公害問題から何が読みとれるか
4. 「公害型」環境破壊と「微少負荷累積型」環境破壊
5. 環境社会学の研究方法

第4章 組織社会学……………48
1. 組織の重要性
2. 組織に見いだされる「経営システムと支配システムの両義性」
3. 組織に見いだされる「主体と構造の両義性」
4. 『組織の戦略分析』

第5章 社会計画論……………61
1. 社会計画の発想
2. 社会制御の重層性——社会制御システムと枠組み条件
3. フランスの新幹線公害対策
4. ドイツの再生可能エネルギー普及政策
5. 二つの枠組み条件の位置する文脈と公共圏論

第6章 日本社会の特徴——森有正の示唆……………76
1. 日本社会論の問題意識
2. 森有正の言う意味での「経験」
3. 私的二項関係
4. 日本社会についての認識への示唆

第7章 中範囲の社会学理論……………87
1. 社会学における実証と理論
2. T字型の研究戦略
3. 「中範囲の理論」の基本的意味
4. 「中範囲の理論」と「対象の大きさ」の関係
5. 「中範囲の理論」の有する長期的発展戦略
6. なぜ、「中範囲の理論」を推奨するのか

第8章 ヴェーバーの方法論と合理性への視点…………98
1. 科学的認識、価値、観点の関係
   (1) 価値判断と経験科学的認識の論理的区別
   (2) 経験科学的な認識の前提としての「主観的な観点」の存在
   (3) 主観的な観点を支える価値理念
2. 歴史的個体の把握と理念型
   (1) 法則定立的認識と個性把握的認識の区別
   (2) 理念型論
3. ヴェーバーの社会把握の鍵になる視点としての合理性

第9章 マルクスと物象化論……111

1. マルクスの疎外論と物象化論
   (1) 人間への二重のまなざし
   (2) 初期マルクスの鍵概念としての「疎外」
   (3) 物象化への注目
   (4) 媒介をめぐる主体性連関の逆転
2. マルクスの今日的意義
   (1) マルクス物象化論の存立構造論としての継承
   (2) 組織や社会の両義性の基礎付け

第10章 どのように社会調査をおこなったらよいか……123

1. 社会学において、社会調査はなぜ重要か
   ①知見の豊富化
   ②問題発見
   ③理論形成
   ④人生観、人間観の深化
2. どのようにしたら、社会調査を通して、研究を深めることができるか
   (1) 問題関心と調査のタイプ
   (2) 調査の準備には、何が必要か
   (3) 調査を開始するには、何が必要か
   (4) 聞き取りの準備と実施
       ①準備段階
       ②聞き取りの実施
       ③聞き取りの後にするべきこと
3. 良い社会調査を実施するためには、どういう努力と配慮が必要か
   (1) 良い調査を実施するためには
   (2) 調査を支えるエートス
   (3) 開かれた感受性
   (4) 調査の醍醐味

第11章 卒業論文と大学院進学……………135
1. 卒業論文に至る積み上げの道
2. 調査に立脚した論文執筆
3. 良い卒業論文を書くには
   (1) テーマ設定の大切さ
   (2) 全体の構想を立てながら知見と考察を集積する
   (3) 破壊してはまた建設する
4. 大学院進学志望者への助言
   (1) 学問への熱意
   (2) 研究テーマ
   (3) ディシプリンの明確化と習得
   (4) 進学希望先の選択

第12章 教える側から見た社会学……………147
1. マスプロ大学の条件のもとで、いかなる工夫が必要とされたか
2. ゼミの運営の工夫と開眼
3. 石堂常世「アランの理論」と論文の執筆
4. 教育と研究を重ねあわせること
5. 金山ゼミの衝撃
6. 4年の卒論演習と贈る言葉

はじめに

　本書の主題は「社会学をいかに学ぶか」である。このようなタイトルの本が必要であると考える根拠は二つある。

　第1に、大学生活で「学問的ヒット」を打てる人と、「学問的空振り」に終わる人との大きな落差が存在すること、しかし「空振り」に陥っている人も、的確な「方法」の獲得があれば、「学問的ヒット」を打てるはずであると、私が考えていることである。

　私は、一私立大学の社会学部で、33年にわたって、講義とゼミを担当してきたが、大学生活で「空虚感」「空振り感」にとらわれている学生に、毎年、数多く出会ってきた。

　大学に入学した1年次の4月ころは張り切っていたのに、だんだんやる気がそがれ、「大学ってこんなものか」という失望のうちに時間が過ぎていく。卒業の時にいたっても不完全燃焼の感は免れず、他からみていても、「この人は自分の潜在力の3割ぐらいしか伸ばさないうちに、卒業の日を迎えてしまっている」という感がぬぐえない。しかし、このような人たちも、本来は、大学生活のとりわけ前半期で、適切な「方法」を身につけていれば、学問的空振りに終わらず、ヒットを打てたのではないだろうか。私は本書を通して、特に第1章において、学問的ヒットを打つ方法を提示してみたい。

　第2に、社会学はたいへん面白い学問であり、「学問的ヒット」を豊かに経験できる学問である。だが、社会学は学びにくい面がある。せっかく社会学の存在に気づきながら学び方がわからないために、「学問的空振り」を繰り返している人も多いように見える。社会学に初めて触れた人は、次のような印象を持つかもしれない。法

学や経済学などの他の社会科学の学問分野と比べて、社会学はその内部があまりにも多様なように見える。どこからどう入って、どのような順序で学んだらいいのかが、わかりにくい。それぞれの社会学者がそれぞれの自己主張をしているのだが、標準的理論や標準的教科書が存在するのだろうか。それらがはっきりしない状況で、社会学は科学といえるのか。自分はすでに、社会についてさまざまな知識を持っている。それに対して社会学的に社会を把握するとはどういうことなのか。社会学において理論と調査の関係をどのように捉えたらよいのか。

　このような疑問は当然の疑問であり、これらにある程度の納得のいく答えを得ることができれば、社会学をより効果的に学ぶことができるであろう。私は本書の中で、これらの疑問に対し各人が答えを見つける手がかりを提示することによって、社会学の面白さに出会う機会をつくりたいと考えている。

　「社会学をいかに学ぶか」という課題は、「社会学的知識をいかに学ぶか」という課題と、「社会学的探究方法あるいは思考方法をいかに学ぶか」という課題の二つに細分することができる。知識を学ぶことと、探究方法あるいは思考方法を学ぶということは、密接に関係するけれども、同じことではない。社会学入門を主題とする多くのテキストにおいては、この両者のうち「社会学的知識」の説明の比重が大きい。これに対して本書においては、他のテキストに比べて、「探究方法あるいは思考方法」の説明のウエイトが相対的に大きい構成になっている。その結果、本書の提供する「社会学的知識」は、広大な社会学の諸領域のうちのきわめて限られた一部にとどまるものとなっていることをお断りしておきたい。

第1章 学問的ヒットを打つために

1．「学問的ヒット」と「学問的空振り」

　本書の中心主題は「社会学をいかに学ぶか」である。だが、この主題に入る前に、「大学でいかに学ぶか」ということについて、一つの基本的論点を確認しておきたい。それは、「大学で学問的空振りに陥らずに、学問的ヒットを打つための鍵は何か」という問題である。ここで、「学問的ヒット」とは、学問に取り組むことによって充実感が感じられること、学問のおもしろさや手応えを感じられることである。学問は一つの文化的活動であるから、音楽や絵画と同じように、的確に取り組むことができるならば、最高の充実感を与えてくれるし、生き甲斐になりうるものである。事実、そのような学問的充実感を感じている人は、理系、文系を問わず、広範な学問分野に見いだすことができる。しかし、現代日本の大学生を見渡したとき、そのような「学問的ヒット」を打つというよりも、「学問的空振り」感にとらわれている人も少なくないように思われる。

　ここで、「学問的空振り」とは、学問的充実感を感じることができないこと、「大学生活に期待を持って入学してきたのに、何かむなしい」「いくら出席して講義を聴いていても面白くない」「大学って、こんなものだったのかな」というような状況のことである。ここで取り上げたいのは、大学に進学にするにあたって、はじめから学問には重きを置かず、レジャーランドを期待している人々の体験ではない。そうではなくて、大学生活における学問に期待し、学問

を通して自分を成長させたいと願い、そのための努力も惜しまないという姿勢を、少なくとも入学当初は持っていた者が、にもかかわらず、大学入学後におちいる空しさの感覚や、自分の力が発揮できていないという空振りの感覚である。

　そのような人々は、入学試験のための受験勉強に従事している期間、例えば、次のような思いを抱いていたかもしれない。受験勉強は好きになれないし、やりたくない。けれども、あこがれの大学に入ることができれば、自分の好きな学問に打ち込んで、何かすばらしい体験ができるのではないか。

　けれども、そのような期待感を抱いていたのに、肝心の大学では空振り感にとらわれる人が後を絶たない。学生たちは、いろいろな困難を克服してようやく大学に入ることができた。中には親の反対を押し切って、非常な熱意をもって、経済的困難や入試の困難を乗り越えて、ようやく入学してきた者もいる。それだけに、1年次、当初の意気込みは相当のものであったのだ。しかし、1年次を終えた時点で、空虚感、空振り感にとらわれてしまう。

　その原因を、周囲の人々のやる気のなさ、私語のやまない大教室、面白みが感じられない講義、第1志望ではなかった不本意といった外的要因に求めることもできよう。だが、それらの外的要因には還元できないような一人ひとりのあり方が、より大切であると思われる。ここで考えるべきは、学問の方法についての内的要因である。「学問的ヒットが打てる」人と、「空振り感にとらわれる」人の差異は、外的環境の良し悪しによって作り出されるのではなく、学問的充実感を手にする方法を知っていて、それを実行しているかどうかという主体的要因の差異に起因すると私は考えている。その主体的要因は、まず「勉強」と「研究」の違いを知っているかどうかという点にかかわっている。

2．勉強と研究とはどのように異なるのか

　学問的空振りを回避し、学問的ヒットを打つための第一歩は、「勉強」と「研究」の区別を知ることである。ここで「勉強」とは、知識を習得し記憶することである。外国語であれ、自然科学であれ、社会科学であれ、あらゆる分野の学問において、知識を習得しそれを記憶するという意味での「勉強」は不可欠である。あらゆる教育組織において、小学校から大学にいたるまで、このような意味での勉強に生徒や学生は従事している。

　他方、「研究」とは、問題を設定してそれを解明し、解答を与えることである。その意味での研究は、別に大学でのみなされるわけではなく、初等教育や中等教育でも広範になされている。例えば、小・中学生でも、夏休みには「自由研究」に取り組むということは、よくあることである。それが、単なる知識の習得ではなく、まだ答えのわかっていない問題に対して、解答を与えようとする試みである場合、まさしく、それは「研究」と言える。

　ここで注目するべきは、良い研究のためには、勉強による知識の蓄積が必要であるが、勉強の延長上に自然に研究ができるようになるわけではないということである。すなわち、勉強の境地にとどまらずに、研究という独自の活動に進むためには、主体的態度の転換、すなわち、自分が問題を設定することが必要となる。

　大切なことは、大学において「勉強」の地平にとどまっているだけであると、学問的空振りが生ずるということである。そのことは、どんなに努力していても、またどんなに良い成績をとっていたとしても、起こってくる。成績が悪いから空振りを感ずるというわけではない。成績が良くても「勉強」だけでは、空振り感が生じてくるのである。これに対して、学問的ヒットを打つためには、「研究」の地平に進むことが不可欠である。研究をしてこそ、学問的充実感

を獲得できるであろう。

　研究をするということは、一つの創造的な活動である。わからない問い、あるいは謎がある。研究とは、それを自分のあらゆる能力を動員して解明し解答を与えることであり、絶え間なく自分の頭で考えることを意味する。解答の発見とは、認識の深化であるとともに、考えることによって新しいものを生み出すことである。その意味で、研究は一つの創造である。それゆえ研究は、単なる勉強によっては決して得られない充実感を与えてくれる。

　「受験勉強」とはよく言ったもので、その主要な部分は、まさに知識を覚えるという意味での「勉強」である。これに対して、大学では、未知の問題を解明し解答を探すという意味での「研究」に軸足を移すべきである。この軸足の移行ができるかできないかで、大学生活の色調はまったく異なってくる。

　残念ながら、このような意味での「勉強」と「研究」の区別がわかっておらず、したがって軸足の移行ができず、主観的には学問を通しての自分の向上をめざして努力しながらも空回りし、なかなか、学問的充実感を味わえない人も、かなり多いのではないかと思われる。だが、学問を通して自分を向上させようという志を持っているのであれば、誰でもちょっとした自覚と方法の獲得によって、学問的に充実した生活を送る道を見いだすことができる。すなわち、勉強ではなく研究が大切であることを自覚し、研究に自分の関心と努力を傾注すればよい。

3．研究と論文とはどう関係するか

　では、どのようにしたら研究に取り組むことができるのであろうか。研究をとおして学問的充実感を経験できるためには、具体的に何が必要なのだろうか。そこで、次に理解するべきは、研究と論文

執筆が表裏一体の関係にあることである。研究の成果は論文という形でまとめられなければならない。また、論文を執筆することによって、研究ははじめて完成する。「自分は論文を執筆していないが、立派な研究をした」という主張は成り立たない。

では、論文とは何なのだろうか。論文とはどういう種類の文章なのだろうか。この点についてもしばしば誤解がある。「専門用語を使用した学術的な文章が論文である」というように考えている人がいるかもしれないが、それは誤解である。論文とは「問いの設定」「問いの解明」「答えの提出」という論理的構造を備えた文章のことである（澤田 1977）。このような構造を備えた文章は、すべて論文と言える。例えば、何らかの試験において1時間以内に書かなければならない小論文も、1年間かけて執筆する卒業論文も、10年かけて完成させた博士論文も、それぞれが「問いの設定」「問いの解明」「答えの提出」という三つの要素を備えているのであれば、長短にかかわらず、論文と言える。

このような意味での論文は、誰でも執筆しうるのであって、研究者でなくても、大学生は言うに及ばず、高校生でも執筆しうるものなのである。

このような意味で論文を定義するならば、日常用語で書かれた論文もあるし、専門用語を使用して書かれた論文もあることになる。学術論文とは、専門用語あるいは専門に立脚した理論を駆使して、作成される論文である。大学で推奨されるのは、学術論文である。そして、いかにしてより優れた研究を行い、それを基盤に、いかにしてより良い学術論文を書くことができるのかが、大学においては絶えず問われる。そのような研究ができるのであれば、かならずや学問的充実感を感得することができるであろう。

4．良い論文を書くための基礎

それでは、良い論文を書くためには、どのような方法が大切であろうか。

第1に、「問題の場」と「問題そのもの」とを区別し、疑問文の形で問題を設定することが大切である（澤田 1977）。問題とは問題の場から、いわば切り出されるものである。例えば、「高齢化社会」「公害」「エネルギー政策」というような言葉は、「問題の場」を示してはいるが、「問題そのもの」ではない。これに対し、「高齢化社会の中でいかにして年金の財源を確保するか」「福島原発震災はなぜ防げなかったのか」というような問いは「問題そのもの」を意味しており、その問題を解明しようとすることによって、研究が開始されうるのである。

第2に、研究においては、問題をどのように設定するのかが、非常に大切である。実際、問題の発見は答えの発見以上に難しいという指摘もある。問題が正しく設定されれば、答えは半分は見つかったようなものだ、という意見もある。良い研究をするためには、良い問題設定が必要である。それを可能にする一つの重要な条件は視野の広さである。さらに、社会学の場合、問題設定を支える問題意識の質が大切になる。問題意識の質や深さをめぐっては、さまざまな議論がある。それは、科学と価値が交錯する一つの焦点である。この点については、第8章で、マックス・ヴェーバーの方法論を検討する際、より掘り下げて検討したい。

第3に、「問題設定」を前提にした上で、「問題の分節化」と「分節された問題の体系化」が必要である。問題の分節化とは、設定された最初の問題をより細かな問題群に分けていくことである。例えば、最初の問題として「福島原発震災はなぜ防げなかったのか」という問いを設定したとしよう。この問題に答えていくために、この

問いを次のようなより細かな問題に分けていくことができる。「福島原発の事故は、技術的に見るとどのような経過をたどったのか」「事故の進展の中で、さまざまな技術的安全対策は、なぜうまく作動しなかったのか」「地震と津波の発生後の緊急対処は適切であったのか」「地震や津波に対する事前の安全対策は、なぜ不十分であったのか」「震災発生以前の段階で、原発の安全対策に関してどのような制度的、政策的な取り組みがなされていたのか」「その際、制度的、政策的には、なんらかの欠陥が存在していたのか」等々。

そして、さらに、分節された個々の細かい問いをとりあげ、第二次的な分節をしていくことができる。例えば、「制度的、政策的には、なんらかの欠陥が存在していたのか」という問いは、「行政組織の安全審査にどのような欠陥があったのか」「原子力安全委員会は適切に役割を果たしていたのか」「国会では原子炉の安全性についてどういう議論がされていたのか」「各地の原発建設差し止め訴訟で裁判所はどういう判断をしたのか」などの問いを設定するかたちで、第二次的な分節をすることができる。そして引き続き、第三次的、第四次的……というように分節化を繰り返すことができる。

そのようにして得られた細かな問いの総体について答えていくことによって、最初の問いの解明も可能になる。

次に、「分節化された問題群の体系化」とは、これらの問題群を論理的なつながりが見えやすいように配列しなおすことである。うまく「問題群の体系化」がなされれば、それはそのまま、論文の目次に移行する。

この「問題の分節化」と「問題群の体系化」が大切な理由は、この二つができれば、どんな長い論文も執筆できるようになるからである。例えば、400字の原稿用紙で5枚程度の小論文であれば、多くの人が、特別の準備なしに書くことができるかもしれない。し

かし、400字で100枚ほどの長い論文の執筆は非常に困難に見えるものである。この長さの論文の執筆は社会学の分野では、卒業論文の執筆というような形で、しばしば求められるものであるが、どのようにして執筆可能となるのだろうか。ここで大切なのは、100枚の長い論文を、5枚の長さの小論文が20編つなぎあわされたものとして、見ることである。最初の問題を20の小さな問題群に分節し、それを論理的につながるように配列して体系化し、それぞれの小さな問題を5枚ずつの長さで論じていけば、100枚の長大な論文も執筆可能である。

　事実、私のゼミでは、4万字以上の卒業論文の執筆を課しているが、ほとんどすべての学生がこの目標を達成してきた。中には、400字で300枚の卒論を執筆した者もいる。それが可能であったのは、その人に特別の才能があったからではなく、問題の分節化と体系化という方法を理解していたからであり、その方法を駆使して長大な論文を書こうという意欲をもっていたからである。

5．良い論文を書くための情報蓄積──三系列のノート

　良い論文を書くための第4の条件として、「三系列のノート」による情報蓄積をあげておきたい。内容の充実した論文を執筆するためには、すなわち、充実した研究をするためには、講義ノート、読書ノート、発見・発想ノートという三系列のノートを蓄積しておくことが必要である。

　講義ノートとは、大学における講義とか、さまざまな講演とかの内容を記録するノートである。大学生であれば、おそらく9割以上の人が講義ノートをとっているであろう。多くの人にとって、講義で提供される知識を自分のものにするために、ノートをとることは習慣化している。講義ノートなしには、せっかくの講義の内容が

忘れ去られていくからであり、それを防ぐことが必要だからである。

　次に、読書ノートとは、読んだ本の内容を要約したり、重要な文章を書き写したり、本の内容について自分の感想や疑問や批評を書くノートである。つまり、読書を助け、読んだ本の内容理解を支えるノートである。この意味での読書ノートは、ていねいにとれば、元の本の5％から10％ぐらいのページ数になる。例えば、200ページの本から、読書ノートをていねいに作成すれば、10ページから20ページにはなるであろう。読書ノートは、社会科学の分野において、どんな本の内容把握にも有益であり、とくに、複雑で高度な内容を有する本を理解するためには、不可欠である。ところが、残念なことに、多くの学生が読書ノートの大切さを理解しておらず、実行もしていない。だが、考えてみれば、「読書ノートなしに読書する」のは、「講義ノートなしに講義を聴く」ようなものである。

　読書ノートの取り方には、さまざまな技術がある。それらの多くは、「読書の仕方」を主題とする書物に提案されている。ここで、詳しい説明には立ち入らないが、私は次のような読書ノートの技術が効果的だと考えている。

①読書ノートを詳細につくるか、簡略にするかは、本の内容の重要度によって、自由に考える。自分にとって重要でない本は、簡略法でかまわない。例えば、200ページの本でもコメント中心で、1～2ページの読書ノートでかまわない。

②本は二度読む。一度目は、大切なところに、付箋をつけたり、傍線を引いたりする。二度目は、その大切なところから、さらに選択して、読書ノートを作成する。

③読書ノートの作成に際しては、大意、重要な文章のべた写し、自分のコメントを混在させ、かつ、それらを記号で区分して記す。大意は記号無しでよいが、ベタ写しは「　」でくくり、引用ペー

ジを付す。自分のコメントは、〔　〕でくくる。

④後で見やすくするために、適宜、色分け、図解、下線などを織り込む。

　私の講義では、参考文献についての読書ノートの作成と提出を課題として出すのを常としている。その頻度は、半年で１〜２回である。すべての読書ノートにコメントをつけて返却するが、「読書ノート」の取り方を教えコメントをつけるという教え方は、向学心のある学生にとっては、概して好評である。「読書ノートというものを初めて知った」「読書ノートをとらない場合に比べて、本の内容がずっとよく理解できた」「他の講義の参考書についても読書ノートをとったら、よく理解できた」という趣旨の感想が毎年のように寄せられている。

　読書ノートと並んで、さらに大切なのは「発見・発想ノート」を作成することである。

　この点で、梅棹忠夫氏の説くところは教示に富む。梅棹氏の『知的生産の技術』は、学問をする誰にとっても示唆を与えてくれる好著であるが、その第１章で取り上げられているのが「発見の手帳」である。その位置からみても、また論述の内容から見ても、この「発見の手帳」こそ、梅棹氏がもっとも重視していた「知的生産の技術」であると思われるのである。この手帳を、私は「発見・発想ノート」と呼ぶことにし、その作成を強く学生に推奨している。なぜなら「発見・発想ノート」こそ、研究活動に不可欠であり、創造的な仕事を可能にするからである。だが、発見・発想ノートを作成している学部生は、読書ノートを作成している者より、さらに遙かに少ない。

　「発見・発想ノート」をいつも持ち歩き、自分の着想をそこに、こまめに記載すること、この作業は研究にとって不可欠である。私の経験からすれば、良い研究を支える核心部分の発想や洞察は、「発

見・発想ノート」を通して生まれることが圧倒的に多い。

　パソコンが普及しパソコンが研究上不可欠のツールであるという意識が広がるようになってからも、私は「10台のパソコンより1冊の発見の手帳」という言葉をよく使った。それは、「発見の手帳」がいかに大切かということを示すためである。現在、パソコンとその関連の機器は飛躍的な進歩をとげ、携帯パソコンを「発見・発想ノート」として使うことも可能になったから、先の言葉は多少の修正が必要であろう。だが、本質的なことは、「自分の発見・発想」をノートして蓄積することであり、その媒体が、紙を使用した手帳か、携帯パソコンのハードディスクかということは、副次的なことなのである。

　以上のような「良い論文」を執筆するための要因連関を記すと下記のようになる。この図には、「社会調査」による情報収集も記載されているが、この点については、第10章で説明することにする。

図1　論文作成と三系列のノート

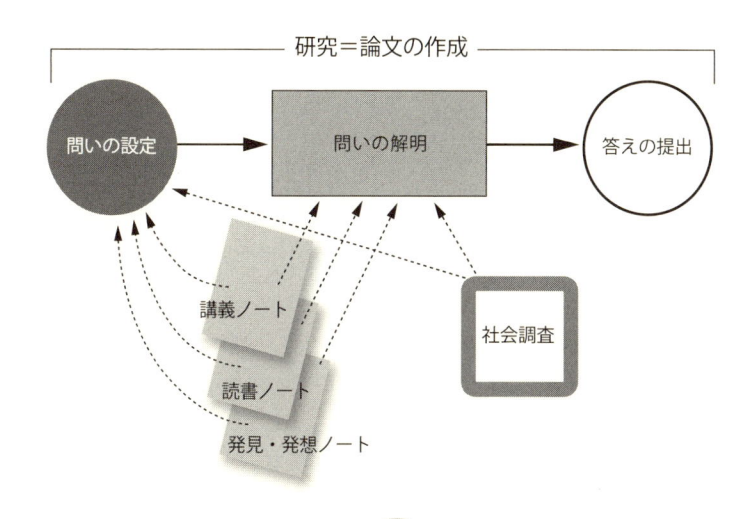

研究＝論文の作成

問いの設定 → 問いの解明 → 答えの提出

講義ノート
読書ノート
発見・発想ノート
社会調査

第1章　学問的ヒットを打つために

本章では、「社会学をいかに学ぶか」の前提として、「大学でどうしたら学問的空振りを避け、学問的ヒットを打てるのか」ということを、「勉強と研究の区別」、「研究を論文の執筆として結実させる」、「三系列のノートの作成」という論点を中心に説明した。本章の内容は、これまでさまざまな講義で、さまざまな学年の学生に、毎年のように話してきたことである。そして、3年生、4年生の聴講者からは、「この話を1年生の時に聞きたかった」という感想が、毎年のように寄せられるのである。大学において学問的空振り感に悩む人には特に、本章の内容をくみとっていただきたいと思う。

■討議・自習のための課題

1. 次の「問題の場」から関心のあるものをいくつか選び、なんらかの「問題」を、疑問文の形で切り出してみよう。つぎに、その問題を、より細かく考察するための10ぐらいの「小さな問題」を設定してみよう（問題の分節化）。

【問題の場】エネルギー政策、災害、グローバリゼーション、地域格差、高齢化社会、財政危機、ボランティア、循環型社会

2. 自分の関心のある新書レベルの図書を1冊選び、総ページ数の5～10％ぐらいの分量の読書ノートを作成してみよう。

【文献】
梅棹忠夫, 1969,『知的生産の技術』岩波書店.
澤田昭夫, 1977,『論文の書き方』講談社.

第2章 社会学の牽引力と社会学的想像力

1．社会学の牽引力

　どのような学問でも、その学問の存在を知り、それを学び始めるにあたっては、なんらかのきっかけがあるであろう。社会学の場合、例えば、大学進学に際して志望する学部を調べたこと、なんらかの社会学の本を読んだり講義を聞いたりしたこと、友人や先輩から社会学の面白さを聞かされたことなどは、社会学への入り口となるようなきっかけの典型的なものである。

　これらのきっかけによって社会学との接触が始まり、社会学の面白さに触れるようになると、みずから求めて、社会学の世界に分け入るという過程がはじまる。どんな学問でもそれに積極的に取り組むための条件は、「面白い」と感ずることである。その面白さにはいろいろなニュアンスや含意があるが、社会学には独特の面白さがある。そして、いったん社会学に「はまった」人間にとって、社会学の魅力は面白さという言葉だけでは的確に表現できない。むしろ、社会学に取り組むことの「切実さ」とでも言うべき牽引力が存在するのである。社会学の発揮する牽引力はどのようなものであり、社会学のどういう特質に由来するのだろうか。

　端的に言えば、社会学の魅力あるいは牽引力の根本的理由は、①人間論的関心（アイデンティティ問題）、②社会問題的関心、③時代の診断、という三つの問題関心に同時に答える可能性があるからである。それぞれの含意について考えてみよう。

２．人間論的関心

　私が大学に入学したのは 1967 年であったが、数ある講義科目の中でも、折原浩氏の担当する大教室での講義「社会学」がとても「面白く」感じられた。聴講者は数百人にも上るが、初回の講義を聴いただけで、高校生活までにおいて触れたことのない何かがある、世界と社会全体を見渡すことを可能にするような何かがあることが感じ取られた。そのような「面白さ」の焦点は、後から振り返って見れば、社会学的なかたちで、「人間論的関心」が明瞭に表出されていたことにある。当時の私は、意味問題あるいは、アイデンティティ問題をめぐる精神的混乱の中にあった。そのような状況にいる者にとって、マックス・ヴェーバーの社会学を宗教社会学に力点を置きながら取り上げる折原氏の講義は、もっとも教示に富むものであった。その参考文献として挙げられているフロムの『自由からの逃走』（フロム 1951）や、フランクルの『死と愛』（フランクル 1961）には、非常に考えさせられるものがあった。また、折原氏の「アノミー論」や「マージナルマン」の理論も、自己洞察を深めるものであった（折原 1969）。

　ここで「人間論的関心」とは、一人ひとりの人間の人生の在り方（とりわけ自分の人生の在り方）を理解したいという関心、そして、人間は（とりわけ自分は）どのように生きるべきかを探究することへの関心を指す。それは、多少ニュアンスは異なるが、アイデンティティ問題・意味問題への関心、実存的関心と名付けることもできよう。そしてこのような関心への回答は、哲学、思想、宗教、文学といった営為においても盛んに探究されてきたものである。これらの分野についても私は読書というかたちで精神的に放浪したが、もっとも魅力を感じた書物は社会学分野のものだった。

　なぜ、自分は、哲学や文学や宗教ではなく、社会学分野の本に、

もっとも牽引力を感じたのであろうか。その理由は、人間論的関心の探究に際して、社会学は「社会問題的関心」、さらには、「時代の診断」との関係において思考を深めること、そして、さまざまな洞察を獲得することを可能にしたからである。

3．社会問題的関心と「時代の診断」

　社会問題的関心とは、公害・環境問題、貧困や失業の問題、教育機会や福祉サービスの欠如問題、ハンディキャップやジェンダーなどに起因する排除や差別の問題、地域格差・地域紛争の問題、民族間の対立や文化的葛藤の問題、植民地や戦争の問題などのように、現代社会において、社会構造や制度構造や社会生活の在り方に根拠をもち、それゆえ社会的に解決を迫られている諸問題に対する関心のことである。

　社会問題的関心に対して応えるということは、社会学だけの特徴ではない。経済学も政治学も法学も、社会問題への取り組みにおいて、それぞれの特性を生かした貢献をしてきた。それでは、社会問題との関連において、社会学の特徴あるいは強みはどういうところにあるのだろうか。次の二点を指摘しておきたい。

①人間論的関心と文化論的関心が可能にする批判性

　社会学は、一人ひとりの人生のありかたや主体性や価値意識に対する人間論的関心を持っている。そしてそのことは、さまざまな社会問題が、各個人にとってどのような意味を持つのか、どのように経験されるのかということに対する社会学の感受性を生み出すのである。たとえば、日本の環境社会学において、最初に提出された理論枠組みが、飯島伸子氏による「被害構造論」であったことは偶然ではない（飯島 1984）。環境破壊の被害がどのように人々に経験されているのか、それが社会関係の中でどのように増幅するのかとい

ったテーマ設定に社会学の特徴が現れている。

　社会学の人間論的関心は、現実に対する批判的視点を供給する基盤であるが、さらに、個々の文化や社会状況を相対化する視点と組み合わさることにより、自明性の問い直しによる社会問題の顕在化を促進しうる。社会学は、「要求提出による社会問題の顕在化」という事態に対して敏感である（スペクター／キツセ 1990）。その理由は、「正当性の問い直し」「自明性の問い直し」という視点を社会学が有するからである。その背景は、社会学が、社会の中にはさまざまな価値体系や信念体系が存在すること、それら相互の対比によりそれぞれが相対化されることをよく知っていることである。

　特定の価値意識や信念体系が支配的であることが、社会問題の存在自体を覆い隠すというような社会がある。たとえば「男尊女卑」の価値観が支配的である社会においては、「女性差別」「女性の排除」という社会の実態が存在しても、そういう問題自体が人々の意識において問題的なものとは理解されない。そのような状況の中で、「自明性の問い直し」を提起する女性解放運動が台頭した時、社会学は新しい価値意識や信念体系の登場という文脈で、また、異議申し立てが社会問題を顕在化させるという文脈で、そのような運動の積極的意義を把握することができ、それを通してそのような運動の前進を支えることができるのである。

②ミクロ・メゾ・マクロの視点の重層性

　さらに、社会学の長所の一つは、社会学がミクロ、メゾ、マクロの重層的な視点を有することであり、個別の対象の解明に対して、これらを併用しうることである。ミクロ的視点とは、社会現象のもっとも基底的な要素である諸個人の行為に注目するものであり、そこから出発して、社会関係と小集団、パーソナリティ、生活構造と生活史を把握して行くことができる。メゾ・レベルの視点とは、社

会集団、組織、制度、社会運動、社会階層といった現象に注目するものであり、ミクロ的視点とマクロ的視点を媒介するものである。マクロ的視点とは、全体としての社会の構造と特質に注目する視点であり、具体的には、社会構造、文化体系、社会変動、現代社会の歴史的個性といった問題を扱う。

このような重層的な視点を持つゆえに、一つの社会問題を扱うとき、社会学は注目する要因（あるいは、変数）の設定に対して、開放的であり柔軟である。

そして、社会学の視野がミクロ・レベル、メゾ・レベルにとどまらず、マクロ・レベルにまで広がれば、社会学は「社会の診断」「時代の診断」という課題を担いうるのである。ここで「社会の診断」「時代の診断」とは、自分たちが生きているこの社会、この時代が、いったいいかなる特徴を有するのかを問うことである。

社会学は、そのつどの時代の特徴を捉えようとし、社会変動の動向をさまざまな言葉によって解明しようとしてきた。そのような言葉は、日常用語の世界、ジャーナリズムの世界、社会学の世界で、頻繁に相互浸透しながらつくられてきたのである。この数十年の間に、社会のある局面やある時代の変化を表す言葉として、民主化、都市化、過疎化、官僚制化、情報化、高学歴化、中流化、格差社会化、少子化、高齢化、福祉社会化、国際化、グローバル化、などの言葉が頻繁に使用されてきた。最近見られるマクドナルド化という言葉も、その一例である。

さらに、個別の側面にとどまらず、社会全体の特徴や社会変動の全体的動向を把握しようという試みにおいて、社会学は、豊富な意味発見に努めてきたと言えよう。近代市民社会（杉山 2001）、大衆社会（リースマン 1964）、産業社会（富永 1988）、管理社会（栗原 1982）、脱工業化の社会（ベル 1975、トゥレーヌ 1970）、情報社会（吉

田 1990）などの概念は、トータルな「時代の診断」「社会の診断」を目指して、社会学が設定し、多用してきた言葉である。

　社会学において特徴的なことは、これらの「時代の診断」「社会の診断」という関心と、「社会問題的関心」、「人間論的関心」が、頻繁に融合し、往復運動をすることである。どの個人にとっても、自分の人生経験への関心は、自分が直面している（あるいは、巻き込まれている）社会問題への関心と不可分であるし、自己洞察を深めるためには、社会全体の特徴やその内部での自分の存在位置、さらには社会全体の変化の方向についての理解を持たなければならない。そのような個人の抱く三重の関心に、社会学は応える学問なのであり、しかも、そのような社会学の応答は、そのつどの「危機の時代」において、絶えず活性化してきたのである。そのような、危機を焦点にした三重の自己認識の努力こそ、社会学の「面白さ」あるいは牽引力を生み出す源泉となっている。

4．「社会学的想像力」とは何か

　以上においては、社会学の魅力の理由として、社会学が、①人間論的関心、②社会問題的関心、③時代の診断、という三つの問題関心に対して、同時に答えようとしているということを提示した。このような社会学の牽引力を凝縮的に表現している一つの考え方が、アメリカの社会学者、C．W．ミルズが提起した「社会学的想像力」である。ミルズが『社会学的想像力』と題した著作を公刊したのは1959年であったが、「社会学的想像力」という考え方は、時代を超えた生命力を有している（ミルズ1965）。

　社会学的想像力とは何を意味するのだろうか。ミルズは、どのような現状認識と問題意識に立脚して、この概念を提起したのだろうか。私たちが、社会学的想像力を獲得すると、何が可能になるのだ

ろうか。

　ミルズが「社会学的想像力」という言葉を提起するに際して、その前提には、各個人の生活と一つの社会の歴史との関係についてのつぎのような認識がある。「一人の人間の生活と、一つの社会の歴史とは、両者をともに理解することなしには、そのどちらの一つをも理解することができない」(同書：4)。この言葉は、社会認識についての非常に重要な点を突いている。一人の人間の生活は、その個人がどのような社会の中で生きているのか、どのような制度と集団の中で、どのような社会変動の過程を被りながら生きているのかという視点をもって、はじめて理解できるのである。逆に、一つの社会が、いったいいかなる社会であるのか（とりわけ、良い社会なのか、悪い社会なのか）ということは、その社会の中の多様な位置に存在する人びとが、それぞれどのような生活を送っているのか、ということの理解なしには、把握できない。ところが、通常、人々は、両者を関係づけて認識することをしていない。ミルズは言う。「けれども普通人びとは、自分たちが耐えている苦難を、歴史的変化や制度的矛盾という文脈の中で把握してはいない。自分たちが享受している安楽を、そこで生きている社会の巨視的な変化には、結びつけて考えないのが普通である。かれらは自分たちの生活のパタンと世界史の進路との間に、精妙な関係があることにほとんど気付かない」(同書：4)。

　このように、人びとの日常意識においては、個人生活と一つの社会の歴史との密接な関係は、必ずしも自覚されていない。だが、一つの人生のあり方の理解、とりわけ自己理解のためには、両者を往復運動しながら結びつけて理解する能力が必要である。その課題を担うのが、社会学的想像力なのである。

　「社会学的想像力を所有している者は巨大な歴史的状況が、多様

な諸個人の内面的生活や外面的生涯にとって、どんな意味をもっているかを理解することができる」(同書：6)。

社会学的想像力は、ある個人の人生の自己理解にとって、重要な意義を有する。すなわち、自分が社会の中でどのような位置にいるのか、自分の人生と生活が現在のような状況にあるのはなぜなのか、社会はどのような方向に変化しつつあるのか、自分はその中で、どのような生き方を選択していけばよいのか、といった疑問に対して、社会学的想像力は、解答の手掛かりを提供するものなのである。

ミルズによれば、社会学的想像力を働かせて世界を認識し、自分を認識するためには、取り組むべき、次のような三つの問いがある。
① 「ある特定の社会を一つの全体としてみた場合、その構造は何か。その本質的な構成要素はどれとどれであり、それらはどのように相互に関係しているか。」
② 「この社会は、人間の歴史のなかでどこに位置しているか。それが変化していく力学はいかなるものか。全体としての人類の発展において、その社会はどんな位置と意味をもつか。」
③ 「この社会、この時代には、どんな種類の人間たちが支配的であるか。」「いかなる過程を通じてかれらは淘汰され形成されるか。」「この時代のこの社会のなかにわれわれが見る人間の行為と性格には、どのような種類の「人間性」があらわれているのか」(同書：8)。

これらの問いは、非常に奥行きのある問いであり、無数の解答努力を喚起するものである。しかし、これらの問いは、大きい問い（あるいは、大きすぎる問い）なので、思考が空回りする恐れもある。より堅実な思考を展開するためには、もう少し限定された問いも必要である。

この時、ミルズの提起する「私的問題」と「公的問題」という視

点は有益である。「おそらく社会学的想像力がはたらくための最も生産的な区別は、「個人環境に関する私的問題（the personal troubles of milieu）」と「社会構造に関する公的問題（the public isuues of social structure）」との間のそれであろう」（同書：10）。私的問題とは、一個人の生活史の中の直接的でミクロ的な場面でおこる。公的問題とは、社会構造に起因しつつ、「公衆にとって貴重な、なんらかの価値が脅かされている、と感じられる状態である」（同書：11）。

　例えば、結婚、失業、戦争というのは、それぞれの個人にとって、切実に重要な人生体験である。各人がこれらの問題をどのように被るのかという直接的体験が、より大きな社会構造や制度構造や、社会の歴史的変化を、どのような背景的前提とし、それらとどのように結び付いているのかを理解する必要がある。もし、一つの社会で、結婚の困難、失業による貧困者の多発、戦争による惨禍というような事態が生じているのであれば、それは、公的問題として取り扱われるべきである。私的問題が、実は、公的問題に根拠を持っていることを自覚することは、社会問題を社会学的に把握するための基本である。社会学的想像力を有する者は、視野の拡大によって、私的問題を公的問題へと翻訳し、問題解決に必要な努力を二つの文脈で同時に考えることができるようになる。

5．「社会学的想像力」を支えるミルズの価値理念

　ミルズが社会学的想像力の必要性を説く際、その背後には現代社会に対するどのような現状認識と問題関心があるのだろうか。

　第1に、個人の生活と人生が、総体としての社会のあり方に深く影響されていることの認識がある。20世紀の世界は激しい社会変動の連続であった。「一体どの時代に、これほど多くの人間が、これだけ急速に、これほどのすさまじい変化に、これほど全体的に

曝されたことがあったろうか」(同書：4)。同時に、さまざまな社会の相互影響もますます強まっている。「一時代に共存するさまざまの社会が、相互にこれほど急速にしかもはっきりと作用し合っていることは、おそらく時代の決定的な特徴の一つであるといえよう」(同書：198)。そのような現代社会の変化の激しさと諸社会の相互影響の巨大さは、各人が自分の人生のあり方を理解するのに、社会学的想像力を持つ必要性を強めている。

　第2に、そのような変化と相互影響性の拡大の中での諸個人の人生のあり方にたいする危機感がある。「こんにち、人びとはしばしば自分たちの私的な生活には、一連の罠が仕掛けられていると感じている。かれらは日常生活の範囲内では、自分たちの困難な問題を克服することができないと感じている」(同書：4)。「現代は、不安と無関心の時代である」(同書：15)。さらにミルズは、「こんにち「人間の主要な危険」は、疎外された生産手段と、政治的支配の隠蔽の技術と、国際的無政府状態とをそなえている現代社会そのものの、手に負えない諸力にある」(同書：17)と述べている。ここには、現代社会の諸個人が、社会を形成する積極的な担い手であるというよりも、受動的で操作される存在に落ち込んでおり、かつ、その意識においても、不安と無関心にとらわれているのではないかという批判的認識がある。

　第3に、このようなミルズの現状批判的な社会認識の暗黙の前提になっているのは、望ましい社会の在り方や、望ましい人間の在り方への希求である。そして、ミルズにとって、望ましい社会と人間の在り方を表現する鍵となる言葉は「自由と理性」である。ミルズは、現代社会における自由と理性の衰退に危機感を抱き、その視点から社会を批判的に認識しようとしている。

　「現代の根底にある動向はよく知られている。巨大な合理的な組

織——ビューロクラシー——は、発達したけれども、個人の実質的な理性は概して成長していない」(同書：221)。「社会における合理化の進展、その合理性と理性との矛盾、理性と自由との一致という想定の解体——これらの発展は、合理性「はあるが」理性はなく、いよいよ自己合理化を深めながらますます不安になっていくという、人間像の発達を基礎づけている」(同書：223)。

　ここで、注意するべきことは、ミルズのこの文脈では「合理性」は「手段的合理性」を意味しており、そのような「合理性」と「理性」とをミルズが区別し、それに基づいて現代社会に対する批判的認識を提示していることである。

　以上のように、ミルズの社会学的想像力の提唱の背景には、「自由と理性」という価値理念を前提にして、現代社会を批判的に認識しようという姿勢がある。ここには、認識と価値の関係に関して考えるべき問題がある。この点は、第8章でのマックス・ヴェーバーの方法論の検討に際して、より深く検討してみたい。

6. 社会学的想像力によって、何が可能となるのか

　社会学を学ぼうとする人にとって、社会学的想像力とは何かを理解し、かつそれをわがものにすることは、非常に重要な課題である。ミルズが言うように、「社会学的想像力は、歴史と生活史とを、また社会のなかでの両者の関係をも、把握することを可能にする」(同書：7)のだから。社会学の古典的著作の面白さのある部分は、それらの提示する社会学的想像力に由来するとも言える。では、社会学的想像力を獲得するとはどのような経験なのであろうか。

①社会学的想像力は、個別の事象に対して、距離をとった見方を可能にする。個別の事象とは、個人の行為、集団や組織の活動、なんらかの事件や社会問題等である。距離をとった見方とは、対象

に囚われないこと、対象に対する超越性の獲得とも言える。

②社会学的想像力を備えた者は、異なる時代と社会、異なる社会的位置に生きる人間たちのあり方の多様性に対して開かれた関心と感受性を持つようになる。それぞれの人びとが人生をどのように感じているのか、その人びとの視点から見ればものごとはどのように見えるのかということに、関心を寄せるようになる。

③社会学的想像力を備えた者は、「自由な視点転換」が可能となる。一つのものごとを多角的に見ることによって、ものごとの意味の異なった側面が見えるようになる。社会学的想像力は、巨視的な見方と微視的な見方とをつなぎあわせ、また、自由な視点転換によって、個々の社会事象の豊富な意味発見を可能にする。

④社会学的想像力を備えることは、社会問題に対して、自分なりの分析と意見を提出する根拠となる。私的問題を公的問題に翻訳すること、公的問題の発生してくる根拠を社会構造や社会制度や社会の歴史的変化に関係づけて把握することが可能になる。

⑤まとめて言うならば、社会学的想像力の獲得は、世界の見え方を異なったものに変貌させうる。ミルズは言う。社会学的想像力「を行使することによって、制約された軌道の上だけで思考を進めてきたにすぎないような人びとが、それまではなんとなくすみなれたものと思い込んでいた家の中で、突然眼が覚めたと感じるようになることが多い」(同書：9-10) と。

ここで大切なことは、社会学的想像力という言葉の定義を暗記することではなくて、社会学の学習の基盤として、社会学的想像力という精神の資質を各人が獲得することである。では、それはいかにして可能となるであろうか。以下の諸章では、この問いを念頭に置きつつ、個別的テーマを検討していきたい。

■討議・自習のための課題

1. 次の文献を読んで、「人間論的関心」「社会問題的関心」「時代の診断」が、どのように現れているのかを考えてみよう。

フロム, E.(日高六郎訳), 1951,『自由からの逃走』東京創元新社.
堤未果, 2008,『貧困大国アメリカ』岩波書店.

2. あなた自身の生活経験において、自分の生活のあり方に、なんらかの困難あるいは大きな影響を及ぼしている社会問題あるいは社会的事件として、どのようなものがあるであろうか。

【文献】
飯島伸子, 1993,『改訂版 環境問題と被害者運動』学文社.
折原浩, 1969,『危機における人間と学問』未来社.
栗原彬, 1982,『管理社会と民衆理性』新曜社.
スペクター, M. / J.I. キツセ(村上直之他訳), 1990,『社会問題の構築』マルジュ社.
杉山光信, 2001,『戦後日本の「市民社会」』みすず書房.
トゥレーヌ, A.(寿里茂他訳), 1970,『脱工業化の社会』河出書房新社.
富永健一, 1988,『日本産業社会の転機』東京大学出版会.
フロム, E.(日高六郎訳), 1951,『自由からの逃走』東京創元新社.
フランクル, V.(霜山徳爾訳), 1961,『死と愛』みすず書房.
ベル, D.(内田忠夫他訳), 1975,『脱工業社会の到来』ダイヤモンド社.
ミルズ, C.W.(鈴木広訳), 1965,『社会学的想像力』紀伊國屋書店.
吉田民人, 1990,『情報と自己組織系の理論』東京大学出版会.
リースマン, D.(加藤秀俊訳), 1964,『孤独な群衆』.

第3章 環境社会学
——新幹線公害の事例から

　現代社会にとって、環境問題の解決の成否は人類社会の長期的な存続可能性をも左右するものになっており、一つの社会問題である以上の重大な意義を有するようになっている。

　環境問題は自然と人間社会の相互作用の中で生ずるのであるから、その解明と解決のためには、自然科学だけではなく、社会科学や人文科学の取り組みが必要である。その中にあって、社会学の視点と方法に立脚して環境問題に取り組むことが、環境社会学の課題となる。本章では、新幹線公害問題を事例として、環境社会学の理論的視点と方法の一端を説明することにしたい。

1．新幹線公害問題とは何か

　新幹線公害とは、新幹線の建設と高速走行に伴って引き起こされる騒音、振動、日照被害、電波障害、水枯れ問題などの環境破壊の総称である。日本における新幹線建設は、1964年の東海道新幹線の開業以来、段階的に進展してきたが、新幹線公害問題は、1970年代になって、社会紛争の焦点に位置するようになった。新幹線公害がもっとも深刻であったのは、名古屋市の東海道新幹線沿線の約7kmの地域であった。この地域の公害問題の歴史を、いくつかの段階に分けて振り返ってみよう（舩橋他1985）。

　第一期（1964年10月に東海道新幹線が開業するまでの時期）。東海道新幹線は1959年4月に着工され、1964年10月1日に東京—

新大阪間515キロが開業する。建設と営業は日本国有鉄道（国鉄）が担当し、総工費は3,800億円。建設計画は高度経済成長期の前半期に急増する輸送需要に対応し、経済成長を支える柱となる公共事業として位置づけられていた。鉄道技術としては数々の工夫が集大成され、高速性、安全性、経済性を実現し、東京—大阪間を従来の特急列車の半分以下の3時間10分で結ぶという世界最速の「夢の超特急」であった。新幹線の開業は、単に日本の鉄道技術の飛躍的進歩を示すだけではなく、戦後復興とその後の経済成長の結実を示す輝かしいイベントであり、その10日後に開幕する東京オリンピックと並んで、日本社会が平和と繁栄の新しい時代を作りつつあることを象徴するものであった。

　第2期（1964年10月の開業から1971年6月まで）。輝かしく開業した新幹線であったが、開業後、沿線住民は騒音と振動公害にさらされるようになる。運行が定着し旅客数が増えるとともに、列車本数の増大、車両の長大化、スピードアップという要因が重なることによって騒音振動公害は深刻さを増し、テレビ電波の受信障害も加わって、沿線住民は新幹線公害に耐えられないものと感ずるようになる。当初一日あたり56本だった列車本数は1970年ごろには一日約200本となり、朝6時半から夜11時半ごろまで、平均5分に1回の頻度で走るようになる。鉄橋では、100ホンをこえる騒音も測定され、「地震と雷が同時に来たような衝撃」が襲い、「イライラする」「ドキッとする」「眠れない」という苦痛が生ずる。家族の団らん、テレビ視聴、会話、電話、学習といった日常生活が妨害され、振動によって屋根瓦のずれや亀裂が発生する建物もでる。しかし、このような被害の発生にもかかわらず、被害者住民は公害反対運動を組織化するには至らず、問題解決のための政治的・行政的取り組みも欠如したままであった。

第3期（1971年7月の住民運動の組織化から、1974年3月の提訴に至る時期）。1970年12月の国会で公害関連14法案が成立し、1971年7月に環境庁が発足したことは公害対策の画期となったが、その背景には、日本社会における公害批判の世論と各地での住民運動が急速に盛り上がったという事情があった。名古屋市の新幹線公害被害地帯でも、1971年7月を境にして、社会的に影響力のある住民運動が組織化されるに至った。当初のきっかけは「テレビ障害に抗議する会」によるNHK受信料の支払い拒否であったが、その運動は騒音振動公害にも取り組むようになり、1971年10月には「新幹線公害対策同盟」が結成される。さらに、名古屋地区沿線7キロの7地区にわたって、公害反対の取り組みが拡がり、1972年8月には、「名古屋新幹線公害対策同盟連合会」が沿線住民、約2,000世帯の参加を得て結成されるに至った。住民運動組織は、公害加害者である国鉄に対して公害防止要求を提出すると共に、名古屋市や愛知県にも働きかけた。しかし、国鉄は実効的な公害対策をとろうとせず、被害住民は、最後に残された手段として、国鉄を被告とした民事訴訟に踏み切るに至る（1974年3月30日）。

　第4期（1974年3月の提訴から1980年9月までの訴訟第一審の時期）。1974年3月30日、名古屋市沿線住民341世帯575人は、国鉄を被告として、新幹線公害の差し止めと慰謝料一人あたり100万円の支払いを求めて名古屋地裁に提訴した。公害差し止め請求の内容は、原告の居住敷地内に「午前七時から午後九時までの間においては、騒音六五ホン、振動毎秒0.5ミリメートル」、早朝と深夜においては、「騒音五五ホン、振動毎秒0.3ミリメートルを超えて侵入させてはならない」というものであった。（同書：20）

2．新幹線公害の解決過程

原告住民側の訴訟での主張の要点は、次のようなものである。
① 被害の深刻さ。新幹線公害は激甚であり、生活妨害、睡眠妨害、健康被害、経済的損失を沿線住民に与えており、社会的に許容できる状態ではない。
② 減速による新幹線公害の差し止め。家屋に防振工事や防音工事をするだけでは、不十分である。即効的な対策として時速70kmへの減速走行により、被害を大幅に軽減すべきである。
③ 新幹線の公共性。良好な生活環境の保全にこそ公共性はある。高速走行に公共性があるから減速はしないという国鉄の主張は、公共性を利便性だけに限って狭くとらえており、不適切である。

これに対して、被告国鉄は、弁護団を通して正面から対立する主張を掲げ反論した。
① 被害は受忍限度内である。現代の都市生活においては、一定の音や振動は常態であり、新幹線の音や振動は、社会生活において我慢するべき受忍限度内にある。また、新幹線の騒音や振動と原告住民の健康悪化との因果関係は認められない。つまり新幹線は、法律上、差し止めと損害賠償に相当する被害は出していない。
② 新幹線の生命はスピードである。減速を求めることはその否定であり受け入れることはできない。
③ 1箇所での減速は地域間の公平という点で他の地域での減速を招き、全線に減速が波及すれば、新幹線の公共性が損なわれる。

被告国鉄は、法廷内ではこのような主張を掲げつつも、実際には、第一審の訴訟が進行する間に、判決が下される前から、法廷外ではさまざまな対策を実施するようになった。具体的には、国鉄による第一次「障害防止処理要綱」の制定（1974年6月）、第二次の「騒音・振動障害防止対策処理要綱」の制定（1976年11月）、国鉄本社へ

の環境保全部の設置（1976年4月）、名古屋7キロ地帯における共同受信アンテナの設置によるテレビ障害問題の解決（1977年8月）がある。ただし、国鉄の障害防止対策は家屋への防音防振工事と移転を内容とするものであり、発生源での公害対策を求める住民の要求とは異なっていた。また、環境庁は1975年7月に、はじめて新幹線騒音環境基準を告示した。

以上のような原告住民と被告国鉄の論争に対して、1980年9月11日に下された名古屋地裁の第一審判決はどのようなものであったろうか。判決の主な内容は、①騒音・振動の差し止め請求は棄却する、②過去分の損害賠償は原告の請求をほぼ全額認め、約5億3,000万円の支払いを国鉄に命ずる、③結審日以後の将来にわたる損害賠償は却下する、というものであった。住民は差し止めが認められないことを不服とし、国鉄側は慰謝料の支払いを命じられたことを不満として、共に控訴し訴訟は第二審に進んだ。

第5期（1980年9月から85年4月までの控訴審の時期）。80年9月からの控訴審においても、原告住民側と被告国鉄側の主張は第一審と同じく平行線をたどった。控訴審の中では、減速による遅延の評価が再び争点となったが、原告住民側は時速70kmへの減速までしなくても110kmへの減速によって公害軽減の効果があり、かつ7キロ区間の遅延は2分程度であり、影響はわずかであるという主張を展開した。しかし、85年4月12日の名古屋高裁判決は、原告の期待に反し、①再び、騒音・振動の差し止め請求を棄却し、②損害賠償額も一審段階の約5億3,000万円から約3億円へと大きく減額（43％減）した。4年半の裁判を続けたにもかかわらず、控訴審の結果は、住民にとってはより不利なものであった。

第6期（85年5月以降、86年4月の和解に至る時期）。控訴審判決後、原告住民側は、形の上では最高裁へと上告したが、最高裁判

決まで争うという方針は断念し、国鉄との直接交渉による和解を目指した。その理由は、最高裁判決まで争ったとしても公害差し止め請求の実現は不可能であろうという状況分析である。そして、仮に差し止めを認めないという形で最高裁判決を出させてしまうと、それが判例となり、以後に類似の公害差し止め訴訟が提起されたとき、下級審を拘束し、差し止め判決を出しにくくするということになり、日本の公害反対運動にとって大局的にはマイナスになるであろうことを原告住民側は考慮したのである。

　1986年4月28日に、被害者原告団と国鉄側はほぼ1年の直接交渉の結果、和解に至り、訴訟は終結に至った。和解の内容は、①国鉄は発生源対策により、1989年度末までに騒音を75ホン以下にするように最大限の努力をする、②国鉄は4億8,000万円の賠償金を原告側に支払う、③国鉄は発生源対策と障害防止対策に努め、名古屋7キロ区間において屋外騒音と振動の現状を悪くしない、④住民側は訴訟を取り下げる、というものである。結局、住民側は減速による公害抑制を断念し、別の公害対策を取らせるという決着になった。その後、国鉄は1987年4月に民営分割化されたが、1995年秋の騒音測定によると、住民側から見ても「和解協定が第一の目標とした七五ホンはおおむね達成されている」という結果となった（名古屋新幹線公害訴訟弁護団 1996：228-229）。

3．新幹線公害問題から何が読みとれるか

　新幹線公害問題は、日本における大規模な公共事業をめぐる利害対立と紛争の特徴を典型的な形で表している。この事例からどういう特徴を読みとり、どういう教訓が得られるのかを、環境社会学の基本的視点である「被害論」「加害論・原因論」「解決論」（舩橋 2001）という視点で把握してみよう。

まず「被害論」の視点で見てみよう。新幹線公害の被害は、一年中朝から晩まで繰り返される騒音と振動によって、精神的被害、睡眠妨害、日常生活の被害に加えて、住民側によれば、頭痛や血圧の異常や胃腸の調子を悪くするという身体的被害をもたらすものである。仮に身体的被害があるということを裁判官が認めた場合には、判例上は差し止め請求を認めることが必要となるのであるが、裁判官は、差し止め請求は一貫して棄却しており、同時に身体的被害も認めなかった。新幹線公害の被害の把握にあたって、裁判所の判断と、住民の実感との間には差異があった。

　新幹線公害の被害を把握するためには、単なる物理量としての騒音や振動の大きさに注目するだけではなく、各人の生活者としての被害の質や程度に注意を払う必要がある。健康な成人には我慢できるかのごとく感じられる騒音や振動でも、病人、妊産婦、幼児、受験生、夜勤勤務者などにとっては、裁判での住民側の訴えに表明されているように、耐え難い打撃を与えてしまうのである。

　次に「加害論・原因論」の視点で見てみよう。新幹線公害を生み出した原因となる諸要因としては、輸送便益のみを考慮し公害を無視している設計思想の一面性、新幹線経営の方針において技術中心的な考え方になっており社会的利害調整が軽視されていること、建設当時に財源に余裕が無く安上がりな工事が選択されたこと、建設当時にオリンピックに間に合わせるために、拙速な突貫工事となったこと、住民側にとって先行事例がないため公害の事前予防的な取り組みができなかったこと、などを指摘できる。さらに、加害者の特徴を見るならば、新幹線公害の直接的加害者は国鉄であるが、同時に、利用者である乗客も正当な公害防止費用を負担しておらず「間接的加害者」という性格を有する。

　以上に見たような被害者と加害者の関係について、注目するべき

は、被害者たちの集まりである「受苦圏」と直接的・間接的加害者の集まりである「受益圏」との関係である。

図2は、新幹線公害をめぐる受益圏と受苦圏の構造を表示したものである。図2が示しているのは、「受益圏と受苦圏の分離」、「受益圏の拡散と受苦圏の局地化」という事態である。新幹線の受益者は広範な利用者に拡散している。他方、新幹線公害の騒音振動の被害者は、新幹線沿線の主として片側100mほどの幅の細長い地域に居住している人びとに限られている。このような受益圏と受苦圏の構造と関係の特徴が、受益圏の代弁者である国鉄と、受苦圏に属する被害者住民との間での合意の形成が困難な客観的条件となっているのである。そして、そのような状況ゆえに、「公共性」という言葉は、合意形成の基盤であるどころか、それをめぐって人びとが

図2　新幹線をめぐる代表的な受益圏ー受苦圏

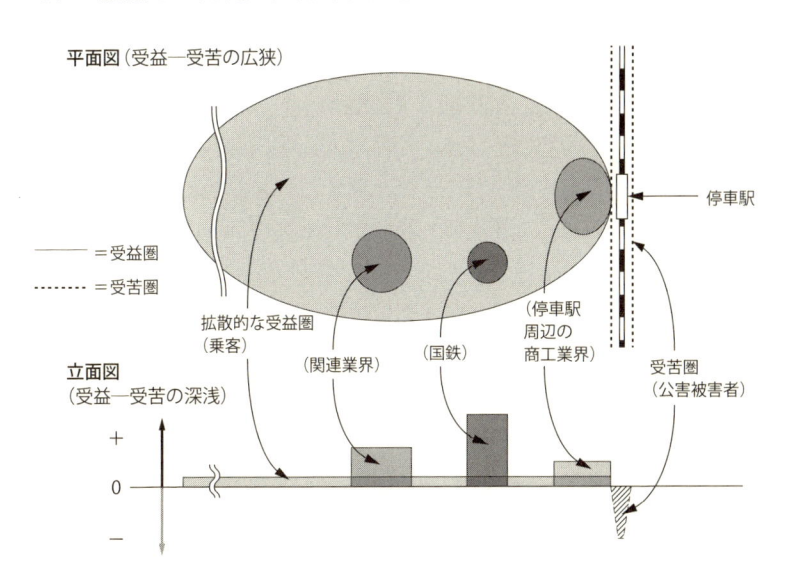

平面図（受益ー受苦の広狭）

―――＝受益圏
‥‥‥＝受苦圏

拡散的な受益圏（乗客）
（関連業界）
（国鉄）
（停車駅周辺の商工業界）
停車駅
受苦圏（公害被害者）

立面図（受益ー受苦の深浅）

第3章　環境社会学——新幹線公害の事例から

争い合うような言葉になってしまったのである。

　実際、名古屋新幹線公害問題においては、12年間もの裁判が続き、その間、加害者国鉄と被害者住民の論争は、平行線をたどった。そこには「言語不通」とでも言うべき状況が見られた。被害者と加害者の間で、合意が形成できない背後には、どのような問題把握の相異があるのであろうか。

　図3は、この問題における「内部からの見え方」と「外部からの見え方」を対比している。このような相違の把握は、他者の立場への感受性や社会学的想像力を備えてこそ可能となる。誰にとっても、近くのものは大きく、遠くのものは小さく見える。加害者は被害を他人事として小さく捉え、受忍限度内と見なしていた。だが、外部主体である被害者から見れば受苦は受忍限度をこえていた。

　最後に、「解決論」の視点から、この問題の示唆する点をまとめて見よう。第1に、被害者からの要求提出、すなわち、公害被害を無くすことと損害賠償を求めることが、問題解決の過程を始動させる源泉であった。被害者の要求提出があってはじめて、国鉄も行政も、新幹線公害への取り組みを開始するようになった。

　第2に、公害問題の解決にとっては、加害者と被害者の勢力関係が鍵であり、被害者がどこまで要求を実現することができるかは、被害者の側の発揮する対抗力の大きさに規定された。裁判提訴は、住民側に一定の対抗力を与え、国鉄が公害対策に取り組まざるを得ない状況を生み出した。また、環境庁による新幹線騒音環境基準の制定も、提訴のあと、ようやく実現したものであった。

　第3に、裁判は、問題解決にとって、「提訴自体の問題解決機能」と「判決の問題解決機能」という二つの機能を有することが示された。すでに見たように、国鉄は、提訴されてから、一審判決が出される以前に、家屋への防音・防振工事や高架橋などの騒音対策を推

図3　事業システムの生み出す内部的効果と外部的効果の見え方

(a) 事業システムの生み出すメリット(m)とデメリット(d)

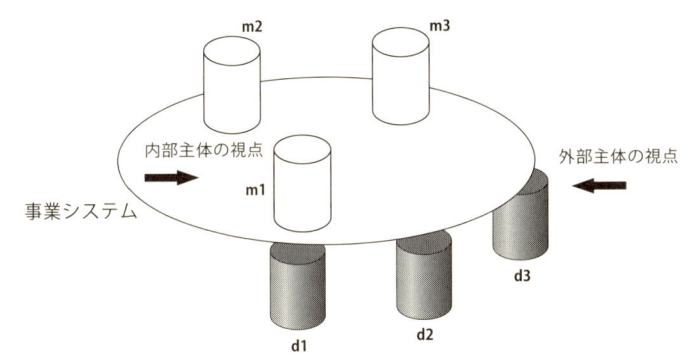

(b) 内部主体から見たイメージ

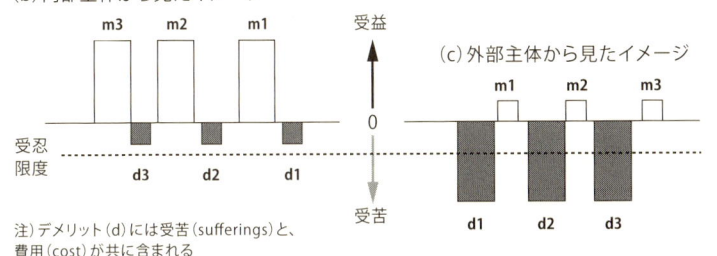

(c) 外部主体から見たイメージ

注) デメリット(d)には受苦(sufferings)と、費用(cost)が共に含まれる

進したのであった。提訴自体が、国鉄に対する圧力となり、公害対策の推進という点で、問題解決機能を発揮したのである。

4．「公害型」環境破壊と「微少負荷累積型」環境破壊

次に、視野を広げて、新幹線公害が、さまざまな環境問題の中でも、どういう独自な特徴を有しているのかを検討してみよう。さまざまな環境破壊が生み出される社会的メカニズムに注目すると、「公害型」環境破壊と「微少負荷累積型」環境破壊という異なるタイプ

が存在することがわかる。公害型環境破壊とは、汚染源となっている比較的少数の加害者が存在し、その行為によって環境破壊が生じ、被害者が苦しむという事態である。熊本や新潟の水俣病（原田 1972；飯島・舩橋 2006）はその典型である。

　二つの水俣病においては、化学工場がメチル水銀を含む排水を海や河川に排出したため、食物連鎖を通して魚介類が有毒化し、それを摂食した地域住民に甚大な健康被害が発生し、多数の死者が出た。広く知られている足尾鉱毒事件（東海林・菅井 1984）、イタイイタイ病（松波 2006）、四日市公害（田尻 1972）といった諸事例も公害型環境破壊である。これらにおいても、加害者と被害者は別の主体であり、加害者は単一の、または、少数の企業であった。

　これに対して、「微少負荷累積型」環境破壊とは、自動車排気ガス公害（門脇 1990）、生活排水問題（鳥越・嘉田 1984）、ごみ問題（寄本 1990）、地球温暖化問題（米本 1994）に見られるように、汚染物質あるいは環境負荷を発生させているのが、きわめて多数の主体であり、個々の主体に注目する限り微少な影響しか与えないように見えるが、それらのすべてが累積すると大きな環境破壊をもたらすというようなタイプの問題である。このような微少負荷累積型の環境破壊は、1970年代には自動車排気ガス公害、生活排水問題、ごみ問題として自覚されていたが、1980年代後半以降は、温暖化問題やフロンガスによるオゾン層破壊問題などの地球環境問題に顕著に見られるようになった。微少負荷累積型環境破壊の特徴は、加害者と被害者が頻繁に重なり合い、その防止のためには、生産と消費のあり方の根本的見直しが必要なことである。

　このタイプの環境破壊の社会的メカニズムを解明する理論枠組みとして「社会的ジレンマ論」がある（舩橋 1995,1998）。社会的ジレンマ論は、一人ひとりが直接的、短期的利益を求めるという意味

での合理的行為が、社会的、長期的に累積するとマクロ的には環境破壊という道理にはずれた事態を帰結するという過程を解明するものであり、環境社会学の有力な理論装置の一つである。

詳しく検討すると、新幹線公害や高速道路公害では、公害型環境破壊と微少負荷累積型の環境破壊とが絡まりあっている。自動車交通量の多い道路、とりわけ高速道路は新幹線と同じように、その沿線に騒音や振動や排気ガスといった形での公害をもたらす。新幹線や高速道路をめぐる公害紛争においては、新幹線の営業主体や高速道路の管理主体が、公害の責任ありとして訴えられてきた。その側面の限りでは、これらは、加害者と被害者が対立する公害型の環境破壊である。だが、高速道路公害を、掘り下げて分析してみると、騒音や振動や排気ガスをそのつど発生させているのは個々の自動車であり、一人ひとりの運転者の行為が、公害の原因となっている。

一台の自動車の走行に伴う騒音や振動や排気ガスは微少であっても、一日に何万台と走行する場合には、累積された環境負荷は破壊的なものとなる。すなわち、高速道路公害には、微少負荷累積型の環境破壊の側面が明確に存在するのである。新幹線公害の場合、個々の乗客は直接に車両を運転しているわけではないから、公害発生への関与は間接化している。だが、新幹線の乗客と高速道路を走行する運転者とは、自らの利便を求める行為が、微少ではあるが環境負荷を生み出す原因となっていること、そして、その社会的累積が巨大な環境負荷を生み出しているという点では共通している。このような公害型と微少負荷累積型という二つのタイプの環境破壊のメカニズムが絡まっている点では、原子力発電所も同様である。電力利用者は、新幹線利用者と同様に、微少負荷累積型の因果関係を通して、原発の生み出す放射性廃棄物や周辺環境の汚染に間接的に関与している。つまり新幹線利用者や電力利用者は通常の人々を間接的

な加害者にしてしまうという「巻き込み構造」の中にいるのである。

5．環境社会学の研究方法

　新幹線公害の事例が示すように、公害問題や環境問題について、環境社会学はその問題がどのようにして発生し、どのようにして解決できたのか、解決が困難な場合はどのような要因に起因するのか、というテーマに取り組むことができる。では、環境社会学の研究方法としては、どういう方法が大切であろうか。

　第1に、社会調査の実施という実証的方法が大切である。本章での新幹線公害の記述は、1980年前後に現地を繰り返し訪れて実施した多数の関係者からの聞き取りが基盤になっている。

　第2に、事実経過の把握を踏まえて、問題を理解するための鍵になる視点や要因を発見し、現実を透明化させるような理論概念群を創り出して行く必要がある。新幹線公害の研究の場合、調査を通して、「受益圏と受苦圏」「公害問題の解決に果たす住民運動の役割」「社会的合意形成を左右する要因」「裁判提訴自体の問題解決機能」などの視点や要因が発見されたのである。

　第3に、どのような事例においても、事実の経過あるいは問題解決過程について、年表というかたちで情報を整理し、その中に数段階の歴史的段階を区分していくとよい。日本の環境社会学は、「方法としての年表」を重視し、充実した内容の年表を作成してきたという実績がある（飯島 2007；環境総合年表編集委員会 2010）。詳細な年表の作成は、実証的な事実把握を支援する技法として、たいへん有効である。そこから問題に対する包括的視野にもとづく理解が生まれ、独創的な意味発見と概念構築が可能となるのである。

■討議・自習のための課題

1. 次の環境問題をめぐる受益圏と受苦圏の特徴、すなわち、両者の形状と範囲、重なり方や分離の程度について分析してみよう。

　①自治体における清掃工場建設　　②温暖化問題

2. 公害問題においては、加害者に対して、被害者の有する対抗力の大きさが、問題の解決可能性を大きく規定するが、被害者が発揮しうる対抗力にはどのようなものがあるだろうか。具体例を示しながら、考えてみよう。

【文献】
飯島伸子, 2007,『新版 公害・労災・職業病年表』すいれん舎.
飯島伸子・舩橋晴俊編, 2006,『新版 新潟水俣病問題―加害と被害の社会学』東信堂.
門脇重道, 1990,『車社会と環境汚染―自動車排気ガス規制のあしどり』渓水社.
環境総合年表編集委員会, 2010,『環境総合年表―日本と世界』すいれん舎.
東海林吉郎・菅井益郎, 1984,『通史足尾鉱毒事件 1877-1984』新曜社.
田尻宗昭, 1972,『四日市・死の海と闘う』岩波書店.
鳥越皓之・嘉田由紀子編, 1984,『水と人の環境史―琵琶湖報告書』御茶の水書房.
名古屋新幹線公害訴訟弁護団, 1996,『静かさを返せ！―物語・新幹線公害訴訟』風媒社.
原田正純, 1972,『水俣病』岩波書店.
舩橋晴俊, 1995,「環境問題への社会学的視座―「社会的ジレンマ論」と「社会制御システム論」『環境社会学研究』vol.1:5-20.
舩橋晴俊, 1998,「環境問題の未来と社会変動―社会の自己破壊性と自己組織性」舩橋晴俊・飯島伸子編『講座社会学 12 環境』東京大学出版会, 91-224頁.
舩橋晴俊, 2001,「環境問題の社会学的研究」飯島伸子・鳥越皓之・長谷川公一・舩橋晴俊編『環境社会学の視点（講座 環境社会学第 1 巻）』有斐閣, 29-62頁.
舩橋晴俊・長谷川公一・畠中宗一・勝田晴美, 1985,『新幹線公害―高速文明の社会問題』有斐閣.
松波淳一, 2006,『新版 イタイイタイ病の記憶』桂書房.
米本昌平, 1994,『地球環境問題とは何か』岩波書店.
寄本勝美, 1990,『ごみとリサイクル』岩波書店.

第4章 組織社会学

　諸個人の生活と人生の内実を知るためにも、さまざまな社会問題の解決可能性を考えるためにも、現代社会の構造と特徴を把握するためにも、組織や集団についての社会学的研究（組織社会学）は重要な意義を持っている。本章では、社会認識の一つの拠点とも言える組織をとりあげ、それが「経営システムと支配システムの両義性」ならびに「主体と構造の両義性」を有することを説明する。

1．組織の重要性

　人間は社会的存在であり、孤立して単独で存在しているわけではなく、家族、職場、近隣集団、文化団体、労働組合、NPO といったさまざまな集団や組織に所属しながら、社会生活を送っている。組織や集団に所属してこそ、物質的にも精神的にも安定した生活が営めるという側面があるとともに、時に、組織や集団は、各個人を拘束したり抑圧したりして、個人にとって苦痛の源泉になりうる。

　一つの社会問題を取り上げたとき、その発生根拠には、さまざまな組織や集団のあり方と、それらにおける意志決定の不適切さや問題解決能力の低さという要因が、頻繁に見いだされる。新幹線公害を生み出してきた国鉄が公害被害者と和解するまでに、新幹線開業後20年以上経過しているのは、国鉄組織に何らかの欠陥があるからではないだろうか。逆に、組織や集団は、社会問題解決の強力なよりどころとなりうる。新幹線公害被害者が公害防止対策を国鉄に

実施させるためには、住民運動組織の結成と活動が不可欠であった。12年にわたる新幹線公害訴訟は、原告団の組織がしっかりと確立され、個々の住民が連帯し適切な組織運営を続けたからこそ、国鉄に公害対策を実現させることができた。

さらに、現代社会の構造のある側面は、大小さまざまな組織の布置連関という視点から把握することが可能である。企業、行政、労働組合などとして存在する現代の巨大組織の有する官僚制という特色は、現代社会の運営を支えるものであると同時に、硬直性や肥大化や非効率性というさまざまな組織作動の病理をしばしば伴うものである。さまざまな局面で官僚制の弊害を克服することは、現代社会の改革を考える際に一つの重要な主題である。

以上のように、組織の社会学的研究は重要な意義を有している。

2．組織に見いだされる「経営システムと支配システムの両義性」

一定範囲の諸個人の相互作用が、個人のなんらかの欲求を充足させつつ、一定の定型性と安定性を持ちながら継続的に繰り返される時、集団が存在するようになる。集団の中で相互作用を担う各個人は、集団への帰属意識を有する成員となる。組織とは、そのような集団が、役割を分化させつつ、それらの役割を一元的な意志決定に統合した場合に、すなわち、人々の間に一元的な指揮命令系統を確立した場合に出現する。組織の中の人間関係は、「扇型関係」とその重層化という形式をとる。扇型関係とは1人の統率者が、指示を通して他の複数の人々の意志と行為を連結しているような関係である。統率者は人々を結合するような役割を果たしており、いわば扇の要である。統率者が他の人々を結合するとき、他の人々は被統率者となっている。

このような扇型関係は、人々の協力関係という側面と、特定の主

図4 視点の取り方によって、社会的現実はどのように異なった見え方をするのか

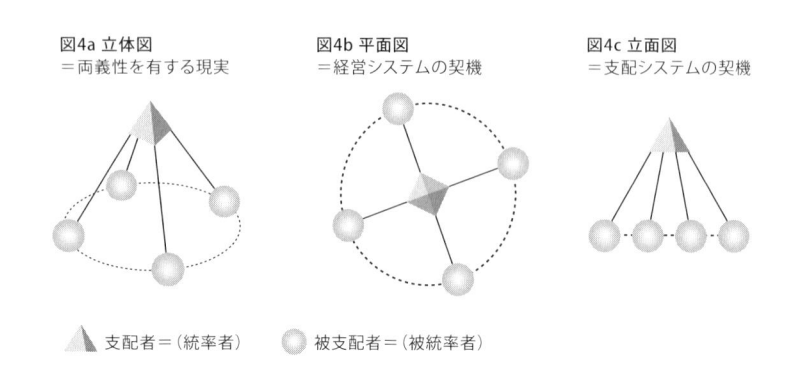

図4a 立体図
＝両義性を有する現実

図4b 平面図
＝経営システムの契機

図4c 立面図
＝支配システムの契機

▲ 支配者＝（統率者）　　● 被支配者＝（被統率者）

体の指示に他の人々が従うという意味での支配関係という側面とを持っている。この協力関係と支配関係を一般化して把握すれば、どのような組織も「経営システムと支配システムの両義性」を持っていることがわかる。経営システムと支配システムという言葉は、一つの組織を特定の方向から見ることと結びついており、そのイメージは、図4に示したようなものである。

経営システムは、図4bで示されているように、人々の水平的な協力関係という特徴を有する。経営システムの基本的な作動の論理は、さまざまな経営課題群を継続的に達成することである。例えば、企業においては、その存続と繁栄のために生産、販売、経理、研究開発、給与の支払いなどの経営課題群を継続的に達成しなければならない。経営システムの側面で見る限り、組織の長（例えば、企業の社長、自治体の首長、労働組合の委員長など）は、「統率者」という性格を持つ。そして、統率者の指示にそって経営課題群の達成のために協働する他の諸個人は「被統率者」という性格を有する。例えば、企業の従業員、自治体の職員、労働組合の組合員は、それぞれ

被統率者である。

　経営システムとしての組織において、いかにうまく組織を運営し、経営問題を解決したらよいのかという主題は、経営学や組織論の中心主題であり、組織社会学でも重要な領域をなしている。

　20世紀初頭に、アメリカのテイラーによって提唱された「科学的管理法」（テイラー 1957）も、1930年代に、メイヨーやレスリスバーガーらによって形成された「人間関係論」（レスリスバーガー 1954）も、ともに、経営システムとしての組織を、いかにして、より効率的に運営できるのかという関心によって支えられている。また、1970年代以降、広範な注目を集めてきた「組織の条件適応理論」（ローレンス他 1977）も、この主題についての有力な理論の一つである。

　これに対し、同じ組織を図4cのような立面図として捉えれば、組織成員間における意志決定権と財の分配に関する格差が見えてくる。財の分配の格差と決定権の分配の格差に注目して組織を捉えれば、組織は支配システムとして立ち現れる。組織の長は、支配システムの側面で見れば、意志決定権の保持と財の分配において、特権的な立場にあるのであり、その意味で「支配者」という性格を有する。組織の他の成員は、意志決定権の保持と財の分配という点で、相対的に不利な立場にあり、その意味では「被支配者」である。

　支配システムのより具体的な内容は、特定の意志決定権の分配構造のもとで秩序を創り出しそれを維持しているという面からみれば、「政治システム」として、正負の財の分配構造という点からみれば、「閉鎖的受益圏の階層構造」として把握できる。支配システムとしての組織の内実は、非常に大きな多様性を示す。その多様性を把握するには、政治システムの四状相と、閉鎖的受益圏の階層構造の四類型に注目する必要がある。

図 5 政治システムの四状相

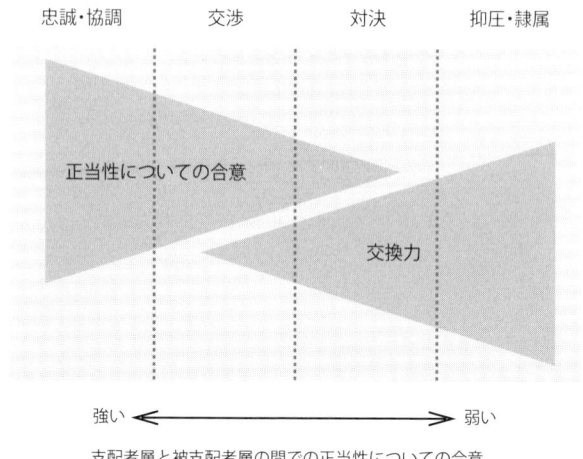

忠誠・協調　　交渉　　対決　　抑圧・隷属

正当性についての合意

交換力

強い ←―――――――→ 弱い

支配者層と被支配者層の間での正当性についての合意

　図5に示すように、政治システムは、「忠誠・協調」「交渉」「対決」「抑圧・隷属」という四状相を有する。この四状相の相違を理解する前提として、一般に秩序の維持は、「交換力の行使」と「正当性の合意」という二つの要因の組み合わせによって可能になることを確認しておきたい。この四状相の相違は、支配者と被支配者の間で、「正当性の合意」がどの程度存在するのか、あるいは、秩序の維持のために、交換力の行使にどの程度依存しなければならないのかという点での相違を示している。すなわち、「忠誠・協調」状相においては全面的な「正当性の合意」があり、その合意の程度が低下するにつれて、秩序の維持のためには、「交換力の行使」の比重が増大することになる。「抑圧・隷属」状相においては、正当性の合意はなくなり、もっぱら交換力の維持によって、秩序が維持されるようになる。

次に、閉鎖的受益圏の階層構造は、財の分配の不平等性の程度に注目すれば、図6に示すように、「平等型」「緩格差型」「急格差型」「収奪型」という四類型に分けることができる。このうち、収奪型とは、上層部の特権的受益が、底辺部の受苦を前提にして可能になっているような状態である。

　なぜ、経営システムと支配システムという二重の性格に注目することが必要なのだろうか。それは、社会問題の立ち現れ方が経営システムの文脈と支配システムの文脈では、まったく異なったかたちをとるからである。新幹線公害問題に即して考えてみよう。

　東海道新幹線は、経営システムの側面で捉えれば、高速性、安全性、収益性を備えた優秀な交通手段として高く評価することができる。そのような性能を有する鉄道を建設することはけっして容易なことではない。高速走行、安全性の確保、収支の黒字化ということは、それぞれ経営課題であるが、それらを首尾良く両立的に達成するための人員や予算や時間は限られているからである。限られた諸手段によって、経営システムの存続と繁栄に必要な複数の経営課題群を、いかにして同時に両立的に達成するのかという問題を「経営問題」と言うことにしよう。経営システムの側面で組織を捉えるな

図6　閉鎖的受益圏の階層構造

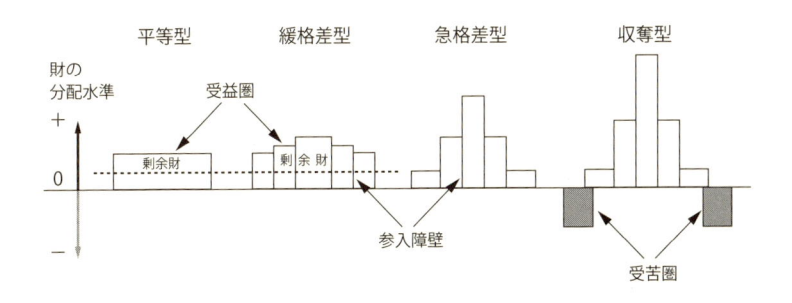

らば、組織はこのような意味での経営問題に絶えず直面するのであり、それをいかにして解決するのかということについて、絶えざる工夫と努力が必要である。

　他方、新幹線公害問題において、被害者住民はどのような経験をしたであろうか。良好な生活環境を破壊する騒音や振動に、被害者は苦しみ続けた（受苦性）。被害者は公害防止という要求を提出したが、その実現のためには、加害者である国鉄の態度転換が必要である。しかし、国鉄は「高速走行には公共性あり」と主張して減速走行という発生源対策を拒否し続けた。国鉄と被害者住民の間の対立は政治システムにおける支配者と被支配者の対立として把握できる（階層間の相剋性）。しかも両者の交渉過程において、国鉄側は強大な組織力、経済力、技術力を有しているのに対し、被害者の使用できる手段は限られており、被害者は勢力関係の上で不利である（受動性）。このように、受苦性、階層間の相剋性、受動性によって特徴づけられる問題を「被支配問題」と言うことにしよう。言い換えると、被支配問題とは、他の主体の行為によって一定の人々に苦痛が押しつけられており、その人々が苦痛を取り除いてくれと要求しても、より強い立場にある他の主体がその要求を拒否するので、苦痛解消のためには苦痛を被っている側が悪戦苦闘を強いられる状態である。この被支配問題は支配システムの文脈で、繰り返し立ち現れてくる。

　支配システムの文脈においてはこの他に、「被格差問題」「被排除問題」というかたちで、解決するべき問題が登場する。「被格差問題」とは、「恵まれた受益圏」とその外部の人々の間に、受益格差があり、それが劣位の主体から見て不当と判断されたものである。「被排除問題」とは、「恵まれた受益圏」への参入を拒否された人々が、そのような排除を不当と考えるものである。典型的な例を挙げよう。

臨時工とか派遣社員とかの相対的に不利な立場で働いている人々が、企業に対して、処遇の平等や正規社員としての雇用を要求しても、それが拒絶された時、そのような拒絶を不当と考えれば、それは「被格差問題」や「被排除問題」である。一般に、労働運動や公害反対の住民運動は、組織にかかわる被格差問題、被排除問題、被支配問題に対して敏感であり、その解決を第一義的な課題として、取り組もうとする。

　ここで注意するべきことが二つある。第1に、支配システムは経営システムに対していわば枠組となって、経営システムの作動の前提条件を設定している。その意味は、経営システムの作動の前提条件である経営課題群をどのように設定するべきかという問題は、経営システム内部で完全に解決されるわけではなく、少なくとも部分的には支配システムにおける交渉によって決まってくること、また、経営システムの円滑な作動は支配システムにおける秩序の維持を前提として可能になることである。第2に、一口に社会問題というもののなかには、経営システムの文脈で登場する「経営問題」と、支配システムの文脈で登場する「被格差問題」「被排除問題」「被支配問題」とが、ともに含まれることである。社会問題の解決や、望ましい組織や社会の実現といった場合、経営問題と被格差・被排除・被支配問題とを同時に解決することがもっとも望ましい。たとえば、新幹線公害問題において、高速走行の便益と沿線住民の生活環境の平穏さが、同時に達成されれば一番よい。ところが新幹線公害の事例が典型的に示しているように、経営問題の解決努力と被格差・被排除・被支配問題の解決努力との間に、しばしば逆連動が出現してくる。逆連動とは、一方の解決が地方を解決不能にすることである。

　逆連動問題が現れた場合どうすればよいのだろうか。この点は、社会問題の解決の道を考える際に、非常に大切な問題である。この

問いについては、後の第5章において、社会計画論における規範理論を検討するところで、あらためて検討してみよう。

3．組織に見いだされる「主体と構造の両義性」

　新幹線公害問題の解決過程を観察すると、組織の硬直性という事実に気づく。すなわち、新幹線公害が生活環境を破壊して住民に巨大な被害を与えているという事実は、誰が見ても放置すべきでない異常な状態である。住民の公害防止要求は、広範な人びとから道理にかなったものとして支持されているにもかかわらず、国鉄はずっと拒絶し続けた。公害加害者としての国鉄のこの硬直性や冷淡さは、どのように生まれて来るのだろうか。この問題をより詳しく検討してみると、組織というものが有する「創発的特性」としての「主体と構造の両義性」に突き当たる。一般に、創発的特性（emergent property）とは、要素からなる全体の示す特性が、単純に要素に還元することができないような新たな特性を示すことである。

　1980年頃、私たちの研究チームは新幹線公害の調査をしていたが、あらゆる立場の利害当事者から話を聞くという方法を採用した。結果的に国鉄職員や国鉄の労働組合関係者からも合計10回にわたって聞き取りを行うことができた。とても印象的であったのは、新幹線公害に取り組む国鉄の工事局、環境保全部、法務課の職員たちは、どこにでもいるサラリーマンであるということである。仮にこの人たちが、私の隣人であったら、けっこう気持ちの良い近所づきあいができるであろうと思われるような人びとなのである。また、一部の職員は、新幹線公害に関して「申し訳ないと思っている」とさえ語った。また、彼らは新幹線公害を放置しておくべきではなく、なんとか解決したいという思いをもっていた。しかし、一定の役割担当者としての彼らの態度は、スピードダウンという発生源対策の

実施に踏み込むことはなかった。彼らの選択肢は、国鉄組織で担当している地位と役割に拘束されており、国鉄組織の公式見解の枠内にとどまっていた。彼らの集合としての国鉄組織の全体としての態度は、個々の職員の人柄とは別次元の鈍感さと冷淡さを示し続けた。

この現象に見られるように、組織は単なる個人の集合ではない。一般に組織は役割の集合なのであり、国鉄組織のような大規模組織においては、役割の体系が地位として固定化され構造化されて、組織構造として存在している。この組織構造はそれを担う諸個人に還元できず、個人とは別に、独自に存在するものである。組織構造が明確な組織にあっては、例えば、「欠員」という言葉が使われる。

それは、役割が存在するのに、それを担うべき具体的個人がいない状態である。そこでは、役割体系の存在が個人の存在よりも優位に立っており、成員は入れ替わっても、組織は同じ組織として存在し続ける。組織の作動の論理は、組織構造を通して貫徹しているのであり、各個人の役割遂行は、そのような組織の論理の枠組の中に従属している。現代社会においては、M. ヴェーバーが解明したように、成文化された規則の体系に立脚する官僚制組織が、大きな比重を占めている（ヴェーバー 1960/1962）。そして、官僚制組織においては、具体的個人とは分離された地位役割構造が、それ自体として存在するようになるのである。

このように「具身の主体の行為と客観的な組織構造の両義性」ということは、組織においてわかりやすい現れ方をするが、より一般化すれば、「具身の主体の行為と制度構造・社会構造の両義性」という事態を指摘できるのである。そして、このような両義性の存在を自覚し、社会現象を絶えず、この両義性の視点から把握することこそ、社会学的な現実把握の根本をなすものなのである。「社会学的なものの見方とはどういうものか」という問いに答える鍵は、以

上の意味での両義性にある。

4.『組織の戦略分析』

　このような組織構造を前提にしての諸個人の主体的行為の展開という基本的な組織イメージを前提にした時、組織社会学の一理論としての「戦略分析」が組織現象の解明に有力である。組織の戦略分析は、20世紀後半にフランスで形成された組織社会学のアプローチであるが、どのような社会における組織の実態の解明に対しても有効性を発揮しうる（フリードベルク 1989）。

　20世紀前半の組織研究においては、「科学的管理法」（テイラー 1957）と「人間関係論」（レスリスバーガー 1954）が大きな影響力を発揮した。しかし、戦略分析の視点から見れば、「科学的管理法」は人間をあたかも「一つの手」のように扱うという点で、人間の捉え方が一面的である。1930年代の産業社会学で台頭した「人間関係論」はこの点を批判し、感情を有する主体としての人間を把握することを提唱した。けれども、人間関係論は人間の感情に注目し、人間をあたかも「一つの心」のように扱うのだが、それは具体的状況とは離れたところに「不変の人間性」を想定している点で、科学的管理法と同じ限界を示す。実際の人間の行為の仕方は、組織構造の中の具体的状況に応じて無限に多様である。

　先行諸理論に対する戦略分析によるこのような批判は、いくつかの組織の作動の詳細な調査を根拠にしているが、そのような調査を通して得られた戦略分析の見方の基本的特徴を、私は次のような諸点にまとめてみたい。
①組織の中での諸個人の行為は、「構造化された場」の中で行われるのであり、さまざまな制約条件を被っている。比喩的に言えば、人間は、完全な自由を有する神ではない。

②同時に、どのような「構造化された場」におかれようとも、各個人は「自由な選択範囲」を有している。その意味で、人間は、選択肢を持たないロボットではない。

③人間の行為は状況の課す制約を考慮に入れながら、個人的自由を発揮しようとする観点によって方向づけられている。その意味で人間の行為は戦略的である。人間は「一つの手」や「一つの心」であるのみならず、「一つの頭脳」であり、自分の利益や目的をよりよく達成しようという意味で、合理的に行為している。

④社会関係の中では、各主体が「自由な選択範囲」を有するが、それが他の主体にとっての「不確実性の源泉」となっている場合には、その主体は他の主体に対する交換力・操作力を入手できる。

⑤組織の中の主体間の関係は、勢力関係である。勢力の源泉は、「不確実性の源泉」についての操作力にある。組織は協働の体系である以上、勢力関係にある一方の主体が他方の主体に対して、完全に無力になるわけではない。支配者と被支配者の関係は、決定権の上下関係があるように見えるが、被支配者といえども一定の勢力を有するのである。

以上のような「戦略分析」の人間観、組織観は、組織の作動の実態に対して、きわめてリアルな把握を可能にする。また、組織の作動やその中の個人の行為について、固定的な法則性を想定しないことによって、各組織の個別の特性に応じた新しい意味発見をそのつど可能にする。特に、さまざまな社会問題や組織運営上の問題がなぜ発生するのか、なぜうまく解決できないのか、どうすればうまく解決できるのか、というテーマを探究する時には、各個人主体の行為の論理とその累積が生み出す社会過程上の帰結に注目することにより、大きな解明力を発揮しうるのである。組織社会学に立脚して、社会制御過程（例えば、社会計画の実施過程）を解明しようとする時、

戦略分析は、組織過程の分析と社会制御過程の解明とを連結するような非常に有効な接続回路となりうる。

■討議・自習のための課題

1. 次の社会問題あるいは政策課題の中に、経営問題の側面と、被格差・被排除・被支配問題の側面がどのように現れているのかを考えてみよう。

清掃工場の建設問題、派遣労働者の処遇問題、財政赤字問題

2. 「官僚制」について考察した、R. K. マートンの次の論文を読んで論評せよ。

マートン , R. K.（森好夫他訳）, 1961,「ビューロクラシーの構造とパーソナリティ」『社会理論と社会構造』第Ⅵ章 , 179-189 頁、みすず書房 .

【文献】

ヴェーバー , M.（世良晃志郎訳）1960/1962『支配の社会学Ⅰ／Ⅱ』創文社 .
テイラー , F. D.（上野陽一訳）, 1957,『科学的管理法』産業能率短期大学出版部 .
フリードベルグ , E.（舩橋晴俊他訳）,1989,『組織の戦略分析―不確実性とゲームの社会学』新泉社 .
舩橋晴俊 , 2010,『組織の存立構造論と両義性論―社会学理論の重層的探究』東信堂 .
レスリスバーガー（野田一夫訳）, 1954,『経営と勤労意欲』ダイヤモンド社 .
ローレンス ,P. R.、J. W. ローシュ（吉田博訳）, 1977,『組織の条件適応理論』産業能率短期大学出版部 .

第5章 社会計画論

　新幹線公害問題は、直接的には、一つの組織の経営のあり方が問われた社会問題であった。同時に、その問題解決過程には、単に国鉄組織のみならず、環境行政、裁判制度、経済成長政策などのように、より広い社会的文脈での社会制御の制度や努力が関係していた。そこで、社会問題の解決過程を、一つの組織を超えた、より広い社会制御の文脈で考えてみよう。この時、社会制御という課題を担う社会計画が社会学の主題として登場する。

1．社会計画の発想

　社会計画とは社会システムについての合理的な知識と体系的な情報収集に立脚し、また整備された社会諸制度を使いながら、社会システムあるいはその一部のあり方を自覚的により望ましい状態に変革し維持しようとする努力であり、主として行政組織によって担われる。社会計画論とは、社会計画についての社会学的基礎理論とも言えるものであり、社会計画過程の解明によって、社会計画の成功や失敗の一般的要因を探るという経験科学的問題に取り組むと共に、望ましい社会のあり方、社会の制御にあたり採用されるべき価値理念や規範的原則の検討といった規範理論的な問題もその課題としている。社会問題の解決にあたって、社会計画という発想に依拠して取り組むことには、いくつかの前提となる認識や態度がある（舩橋 2010）。

　第1に、望ましい生活の実現のためには、市場における自由放

任主義だけでは限界があるという判断がある。完全競争市場が資源配分の効率性を実現することは、広く知られている。しかし、市場によっては原理的に解決できない問題が存在することも、「市場の失敗」現象として指摘されている。「市場の失敗」の代表的な例としては、「公共財の供給不足」や「外部不経済の発生放置」の問題などがある。社会計画には、「市場の失敗」を自覚的な介入によって克服しようという含意がある。

　第２に、社会計画という発想は、単なる私的・個別的利益の追求の集積としての圧力集団政治を乗りこえ、社会的長期的利益を志向し、社会全体にかかわる普遍性のある規範的理念（衡平、公正、人権の尊重など）の実現をめざしている。個別利害要求の足し合わせや、それらの妥協によって、望ましい社会が実現すると考えず、社会を適正に組織化する原則を探究しようとする。

　それゆえ、第３に、社会計画は、公衆感覚を備えた市民や、公共の利益を志向する政府組織の存在を前提にしている。ここで、公衆感覚とは、社会の中に出現する公的問題に対して感受性と責任感をもって取り組むという姿勢を有すること、そして、自分の利益を際限なく求めるのではなく、社会を適正に組織化するのに一定の規範的原則が必要なことを認め、その規範的原則が許容する範囲内で自分の利益を追求する姿勢を持つことを言う。

　以上の三点を総括的に捉え返せば、社会計画、市場、社会運動の三者は相互に対抗的かつ補完的であると言える。社会計画の成功のためには、そのことの自覚が必要である。社会計画、市場、社会運動は、それぞれの重視する価値理念や行為原則が異なっている。三者それぞれの価値理念や原則から、相互に他を批判することが可能である。だが、そのことは同時に、社会的な問題解決にあたっては、三者が複合的に関与してこそ問題解決の可能性が高まることを意味

し、その点で三者は補完的な関係にある。

2．社会制御の重層性――社会制御システムと枠組み条件

　社会計画を通しての問題解決の成否を経験科学的に解明するための理論枠組として、「社会制御の四水準」モデルを提示したい。ここで社会制御の四水準とは、事業システム、社会制御システム、国家体制制御システム、国際社会制御システムの四つの水準においてそれぞれなされる制御努力のことである。これら四つの水準は、この順でミクロからマクロへと並んでいるが、重層的な関係にあり、よりミクロ的なものをよりマクロ的なものが包摂している。四つの水準の制御システムは、相対的に自律性を有しつつ相互規定的である。本章では、以上の四水準のうち、事業システムと社会制御システムの水準に限定して考察を進める。

　ここで、事業システムとは、一定の財やサービスを産出しているような組織を指している。その典型は、民間企業であるが、一定のタイプのNPO組織や行政組織の現業部門も事業システムという性格を有する。例えば、国鉄組織は一つの事業システムである。

　「社会制御システム」とは、一定の社会的な目的群の達成を志向しながら、統率主体（支配主体）としての行政組織と被統率主体（被支配主体）としての他の諸主体との間に形成される相互作用と制御アリーナの総体から構成される「制御システム」である。

　一つの社会の中には、それぞれ異なる目的を志向する複数の社会制御システムが存在しており、それぞれに、分化した特定の領域の制御を担当している。その具体例として、経済行政、福祉行政、環境行政にそれぞれ対応するものとして、経済制御システム、福祉制御システム、環境制御システムが存在する。

　では、社会制御システムの内部構成はどのようになっているので

あろうか。一つの社会制御システムの中には、多数の主体群（個人、集団、組織）が存在し、またそれらの主体群の相互作用の場としての多数の制御アリーナ群が存在する。それらの内、社会制御システムの構造や運営のあり方の全体に影響を与えるような意志決定を担う主体群および制御アリーナ群の集合を「制御中枢圏」と呼ぶことにしよう。制御中枢圏を構成するのは、政府組織とその付属機関（審議会など）、議会、裁判所である。制御中枢圏は各行政領域において、さまざまな社会制度を定めそれを通して社会を制御しようとする。たとえば、租税制度、社会保障制度、環境アセスメント制度は、それぞれ経済制御システム、福祉制御システム、環境制御システムの一定部分を支える社会制度である。

　一つの社会制御システムの中には、さまざまな主体群が存在するとともに、その領域の社会制度がそれらの主体に対して、行為の「枠組み条件」として、機会と制約条件を提供している。

　社会制御システムの内部に存在する個々の事業システムから見れば、制度構造と他の諸主体との相互関係のあり方が、自分にとっての「枠組み条件」を構成している。「枠組み条件」は、戦略分析学派の言葉を使えば、「構造化された場」という性格を有しており、すべての事業システムの行為の仕方は、それを取り巻く「枠組み条件」に傾向的に規定されている。

　制御作用は相互的である。一方で制御中枢圏は、社会を構成する諸個人や諸集団や諸事業システムに対して、制度的枠組み条件の設定を主要な制御手段にして働きかけるが、その働きかけの内容は経営努力と支配努力（あるいは秩序維持努力）という内容を有する。他方、社会内の諸主体は、制御中枢圏に対して、要求や批判を提出するとともに、時に枠組み条件を通しての制御作用に抵抗する。

　社会の中で制御中枢圏での論議や意志決定の過程に関心を持ち、

それに対して言論を通して批判したり意見を表明したりするようなより広範な諸主体（諸個人、諸集団、諸組織）の集合を、ハーバーマス（1994）に倣って、公共圏（英：public sphere, 独：Öffentlichkeit）と呼ぶことにしよう。公共圏とは、開放的、批判的な言論が交わされる社会空間であり、社会の中の民衆や利害集団は、公共圏での言論を通して制御中枢圏に影響力を及ぼそうとする。公共圏の中で意見表出と討論が継続的になされる場を「公論形成の場」（arena of public discourse）と言おう。公論形成の場が豊富に存在し、そこでの討論に人びとが活発に参加するほど、公共圏が制御中枢圏に対して及ぼす影響力は大きなものとなる。

以上のような把握にもとづけば、「制御」という言葉の中には「経営」と「支配」と「要求提出（あるいは「異議申立て」）」が含まれることがわかる。

では、社会制御を通しての問題解決の成功や失敗をめぐる規則性はどのように把握できるであろうか。ここで、社会制御システムと事業システムとの関係をめぐる基本命題を提出してみよう。

Ⅰ：社会制御システムの設定している枠組み条件（制度構造と主体・アリーナ群布置）の優劣は、事業システムにおける問題解決の成否を傾向的に規定する。
Ⅱ：すぐれた枠組み条件を有する社会制御システムの中では、個別の事業システムにおける問題解決が傾向的に成功する。
Ⅲ：欠陥のある枠組み条件を有する社会制御システムの中では、個別の事業システムにおける問題解決が傾向的に失敗する。

この三つの命題のうち、Ⅰは、ⅡとⅢの命題の内容を統合的に表現したものである。この三つの命題の意味を、二つの具体的事例に

即して検討してみよう。第1の事例は、日本とフランスにおける新幹線公害対策に関係する。第2の事例は、日本とドイツにおける再生可能エネルギーの普及政策についてのものである。

3．フランスの新幹線公害対策

　日本とフランスは、高速鉄道としての新幹線の建設と運行については、世界のトップ争うライバルとなっている。しかし公害対策という点で見ると、フランスと日本の間には大きな優劣の差異がある（舩橋 2001）。その優劣は、事業システムの水準での能力というよりも、社会制御システムがどのような枠組み条件を事業システムに対して設定しているのか、それが、問題解決能力の優劣をどのように規定しているのかという点に起因する。

　フランスの新幹線路線網には、パリを起点として、リヨン方面へ向かう路線と、南西の大西洋方面へ向かう路線（TGV Atlantique、大西洋新幹線）と、リール、ロンドン方面など北へ向かう路線の三つがある。これらの路線において、高速走行の便益性と、住宅地域の良好な生活環境の維持という課題は、はたして両立的に解決されているのだろうか。その解決方法の技術的特徴と、そのような解決努力の背後にある制度的な枠組み条件について検討してみよう。

　フランスの新幹線は日本と異なり，人口密集地帯での高架走行を回避することを設計思想の基本に置いている。また、パリと各地方を結ぶ三つの新幹線は、いずれもパリ都心部への乗り入れを回避し迂回しており、都市部の人口密集地を走行する場合には，そこに線路を新設するのではなく，在来線の線路を共用しながら比較的低速（時速 120 ～ 160km）で走行している。そのような環境配慮の中でも特筆に値するのが、大西洋新幹線のパリ郊外の沿線ぞいに作られた「緑地遊歩道」（Coulée Verte）である。

緑地遊歩道は、長さ約 12km、幅の平均 47m で、10 の市をまたぐ形で作られている。その基本的構造は、図 7 に見られるように、大幅な緩衝地帯を設け、全覆防音壁を多用したり、緑地の中心を地下化または半地下化で新幹線路線を建設することにより、徹底した防音対策を実現している。このような水準の防音対策は、日本の新幹線沿線には存在しない。緑地遊歩道内部の主要施設は、全域に設けられている歩道と二方向の自転車道（幅は各 2 ～ 3.5m）、および緑地帯とレクリエーション施設である。緑地と並木路が、全域にわたって配置され、さらに幅の広い地帯を利用して、遊び場、家庭菜園、植物園、温室、球技場（テニスコート、サッカー場など）、スポ

図 7　緑地遊歩道の断面図

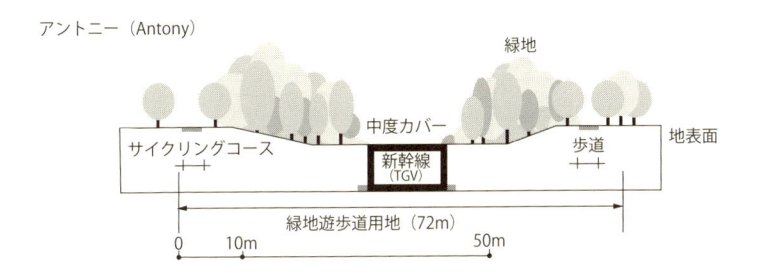

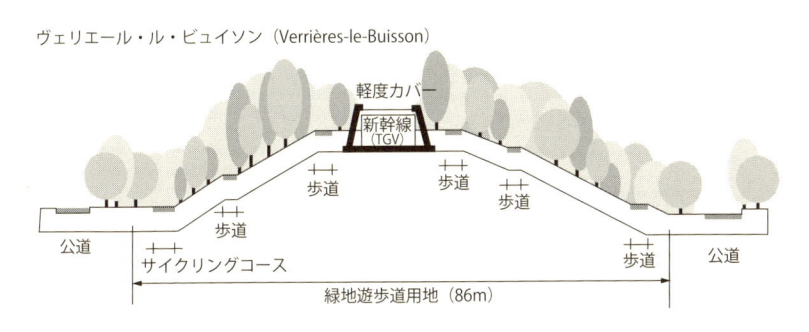

アントニー（Antony）

ヴェリエール・ル・ビュイソン（Verrières-le-Buisson）

ーツ広場等が豊富に設置されている。高速道路等の大きな自動車道路とは3ヵ所で立体交差し，小さな道路とは信号機をつけて交差しているが，全域にわたって，自動車およびオートバイは侵入禁止の構造にしてある。緑地遊歩道は既存の8つのサイクリングコース、および多数の既存の公園・緑地とつながっており、パリ郊外南部に大規模な緑地ネットワークを形成している。フランスのパリ郊外（南西方面）においては、新幹線の建設は公害発生源ではなく、緑地遊歩道で包み込まれることによって、緑地ネットワークの充実に貢献するものとなっている。

　緑地遊歩道の建設については、フランスの人口密度が日本より少ないことが有利に作用しているが、ここで注目したいのは、公共事業の決定の制度的枠組み条件である「公益調査制度」である。

　公益調査制度というのは、ある公共事業が計画された時に、その事業に本当に公益性が存在するのかを吟味し判断する行政的手続きであり、その中心を担うのは、事業主体から独立の第三者機関としての「公益調査委員会」である。公益調査の手続きの中で、住民や自治体は、建設主体が作成し公表した「公益調査資料」を素材としながら計画に対する意見と要求を公益調査委員会に提出することができ、委員会は計画改善についての意見を報告書として政府に提出する。大西洋新幹線の場合、1983年5月25日から6週間の調査期間に全線で合計5,210の意見が提出され、委員会は8月5日に「公益調査委員会報告書」を提出し、関係者から出された多数の論点に対して独自の見解を表明している。「緑地遊歩道」は建設主体であるフランス国鉄の当初計画には欠如していたが、公益調査およびそれに先立つ政治過程において住民運動団体側から提案されたものであった。公益調査委員会は「緑地遊歩道」の建設を支持し、ただし費用負担については、全面的にフランス国鉄に負わせるのではなく、

自治体の協力を求める意見書を提出し、それが最終的計画決定に反映された。

公益調査制度は「公論形成の場」を制度的に提供するものである。住民の出す意見に説得性があれば、公益調査委員会の報告書に反映し大きな影響力を発揮する。つまり、この制度的枠組み条件は、言論の力を、第三者の賛同を介して、政治システムにおける対抗力に転換するように作用する。フランス国鉄にとっては、公益調査の通過が建設の実現には不可欠であるから、公害対策に事前に真剣な取り組みをしておくことがむしろ得策となる。結果として、日本より格段にすぐれた公害対策が実現したのであった。

4．ドイツの再生可能エネルギー普及政策

次に、日本とドイツの再生可能エネルギー導入政策の比較というもう一つの事例によって、制度的枠組み条件がどのように社会制御の成否を左右するのかを検討してみよう。

まず、1990年代以降の日本とドイツの太陽電池と風力発電の導入実績を設備容量という面で、振り返ってみよう（国立国会図書館, 2010;NEDO,2011;BMU,2010）。太陽電池については、日本は、1992年に2万kWだったが増設を続け、2004年に113万kWに達し、その後2005年に142万kW、2008年には214万kWに達した。これに対して、ドイツは、1992年に0.3万kWで、その後増加し、2004年に107万KWとなったが、この時点までは、日本よりも少なかった。ところが、2005年には198万kWと急増し、2008年には534万kWとなり日本の約2.5倍の設備容量を有するようになった。

風力発電については、日本は1992年に0.3万kWだったが、その後増加して2008年には188万kWに達した。ところがドイツは、

1992年に17.4万kWであったのがその後急拡大を続け、2008年には2,390万kWという同年の日本の約13倍の水準に達している。

日本とドイツは、ともに先進工業国に属し、人口や面積や所得水準という点でも類似している。だが、両国の再生可能エネルギーの導入の実績には大きな落差が存在する。この落差は経済力や技術力の差異によってではなく、再生可能エネルギーの導入を促進する政策的・制度的枠組み条件の優劣によって生み出されたのである。

ではドイツではどのような政策が採用されたのだろうか。

ドイツの再生可能エネルギー普及政策の第一段階の制度的枠組は、1991年1月1日から施行された「電力供給法」である。その基本的考え方は、電力会社が固定価格によって、再生可能エネルギーによる電力を、15年間買い取ることである。買取価格の水準は、風力発電と太陽光発電については、電力小売り平均価格の90％とされた。この制度的枠組は、1991年以降の風力発電の急激な増大を促進した。しかし太陽光発電にとっては、このような価格設定では、急激な増大を実現する条件にはならなかった。

太陽光発電に対する実効的な促進政策について、突破口を切り開いたのは、ドイツ中央部西端にあるアーヘン市における1995年3月からの「アーヘンモデル」の導入であった。アーヘンモデルの要点はつぎの二点にまとめられる。

第1に、アーヘン市の発電を担う二つの公営企業が、太陽光発電については、1kW時あたり2マルクで20年間、風力発電については、1kW時あたり0.25マルクで15年間買取ることとし、発電経費が売電でまかなえるようにした（当時の2マルクは、約130円に相当する）。再生可能エネルギーの積極的導入という政策理念を前提にして当時の電気料金（1kW時あたり約0.2マルク）と比較して、太陽光発電は約10倍、風力発電は約1.25倍の買取価格が設定さ

れた。　第2に、上記の買取のための財源は、電気料金を1％だけ値上げして、消費者である市民全体でまかなうこととした。このアーヘンモデルは、アーヘン市における太陽光発電設備容量の急速な拡大（2年間で10倍以上）をもたらすとともに、その後、ボン市など全国40以上の自治体に拡がっていった（和田2008：19）。

その後、ドイツでは2000年1月に制定された「再生可能エネルギー法」によって、アーヘンモデルと同様に、発電技術に対応した発電コストの差異に応じて、買取価格水準を設定するという再生可能エネルギーの固定価格買取制度が導入された。同法は、その後、2004年に改正され、再生可能エネルギーの普及をさらに促進するものとなった。2005年にドイツの太陽光発電導入量が日本を抜き去った背景には、このような法制度による枠組み条件設定があったのであり、ドイツの再生可能エネルギー発電を担う事業システムには、強力なインセンティブが与えられた。「2007年末には、ドイツの総発電量中の再生可能エネルギー発電量比率は14.2％に達し」た。これは予定よりはるかに早く、2010年の目標である12.5％を達成したことを意味する（和田2008：24）。

以上のようなドイツの政策に対比して、日本の2010年度までの再生可能エネルギーの導入政策はどのようなものであったか。日本では、1992年4月から電力会社による再生可能エネルギーの自主的買取制度がはじまったが、法律による裏付けのあるものではなく、内容的にも風力発電からの買電は、発電した電力量の半分を自己消費する義務を伴うなど不十分なものであった。

1998年に日本の電力会社は、再生可能エネルギーの購入の方式をいくつかの点で変更し、「商業用風力発電用長期購入メニュー」を公表した。この購入メニューは、第1に、買電価格を1kW時あたり11.5円に定め、第2に、風力発電における自己消費の義務づ

けをなくすとともに、15-17年の長期契約を可能にした。これらの改訂は風力発電事業を勢いづかせる効果を生んだ。だが、この購入メニューは電力会社が定めたものにすぎず、法律の裏付けは欠如しており、問題点を抱えていた。例えば、風力発電の条件のよい北海道では、ただちに、55万kWもの事業計画が浮上したが、これに対して、北海道電力は1999年6月に自らが管理している「系統送電網の制約」を理由として、風力発電の導入を合計で15万kWに制限するという方針を公表した（飯田2002：7）。

日本においては、法律的裏付けを有する普及政策が始まるのは、2002年に制定され2003年から施行された「電気事業者による新エネルギー等の利用に関する特別措置法」（略称、新エネRPS法）からである。新エネRPS法は、ドイツのような固定価格買取制ではなくて、固定枠制という考え方に立っている。すなわち、電気事業者が利用しなければならない新エネルギー等電気の量が、特定の目標年度に対して設定されるという方式である。具体的には、2010年度に、全ての電気事業者が、電気供給量の約1.35％（全国計で、122億kW時）を新エネルギーでまかなうべきものとされた。

このような新エネRPS法に対しては、普及の目標値が小さすぎること、新エネルギーの種類別の割当量がなく環境貢献よりも低価格という基準で電力会社が種類を選好してしまうなどの批判がなされてきた（井田2005）。新エネRPS法では不十分であるという立場から、日本でも、固定価格買い取り制を導入すべきであるという意見もあったが採用されなかった。さらに、日本では、1994年に開始された太陽電池に対する政府の補助金制度が2005年には打ち切られるという時代の要請に逆行するような政策が選択された。

2008年までのドイツと日本の実績を比較すれば、再生可能エネルギーの導入効果という点では、固定価格制と固定枠制という二つ

の枠組み条件の優劣は明確である。固定価格制という枠組み条件は、固定枠制に比べて、再生可能エネルギーの普及に対して非常に都合のよい枠組み条件となっている。すなわち、太陽電池や風力発電がいずれも採算がとれるような固定価格で、長期に渡り買い取りがされるという枠組み条件があるので、新しい事業システムの立ち上げが、銀行から融資を受けた民間の主体によって可能となる。ドイツのこのような政策的な枠組み条件は、財政支出の増大に依存することなく、民間金融機関の融資を活発化することを通して、再生可能エネルギーの急速な普及を可能にしたのである。これに対して、2003年よりの新エネRPS法で定められた日本の制度的枠組み条件は、はるかに貧弱な効果しか上げないような劣った枠組み条件であった。

このような経緯への反省から、日本でも2009年11月から、太陽光発電については、1kW時あたり48円の固定価格買い取り制が導入され、さらに2011年8月には「電気事業者による再生可能エネルギー電気の調達に関する特別措置法」が可決され、2012年7月からの施行によって、各種の再生可能エネルギーに対して包括的に固定価格買い取り制が実施されることになった。

5. 二つの枠組み条件の位置する文脈と公共圏論

以上の二つの事例は、第2節でしるした命題Ⅰ、Ⅱ、Ⅲの例証となっている。事業システムにおける問題解決の成否は、社会制御システムの設定する制度的枠組み条件の優劣によって傾向的に規定されるのである。この二つの事例について、社会制御の能力を見るとき、注意するべき点が三つある。

第1に、新幹線公害の解決力に関するフランスと日本の差異、及び、再生可能エネルギー導入に関するドイツと日本の差異は、事業システムを担う組織の優劣に由来するものではなく、社会制御シ

ステムのレベルでの枠組み条件の優劣に根拠を有する。その意味で、社会計画のレベルでの優劣なのである。

　第2は、それぞれの制御にかかわる制度的枠組み条件の位置している文脈の相異である。新幹線公害対策をめぐる制度的枠組み条件の優劣は、支配システムの文脈に位置している。被支配問題としての新幹線公害を防ぐためには、計画決定過程で、公害防止要求が十分に制御アリーナに表出される必要がある。フランスの公益調査制度は住民側の発言権を保証している。緑地遊歩道のような提案がなされた時、第三者機関としての公益調査委員会が肯定的判断をすれば、言論の力は政治システムにおける交換力、対抗力に転化しうる。これは支配システムにおける勢力関係において、住民側に発言権や対抗力を確保するような枠組み条件である。

　これに対して、再生可能エネルギーの普及に関係する制度的枠組み条件は経営システムの文脈に位置している。再生可能エネルギーの供給を担うような事業システムを育成し増大させていくという課題は、経営システムにおける経営問題の解決を意味している。社会制御システムの水準で、固定価格買取制度という枠組み条件を設定したことが、事業システムの水準では、再生可能エネルギーの生産を担う多数の組織を急速に増加させるという成果を生み、再生可能エネルギーの供給は急拡大したのである。

　第3に注目するべきは、社会制御過程に対する公共圏、あるいは、その要素としての公論形成の場の介入の程度である。フランスの公益調査制度は、公論形成の場を用意し、建設計画の洗練のための十分な意見交換の機会を用意している。また、ドイツの再生可能エネルギーを育成する制度的枠組み条件が優れているのは、それを生み出す政策過程で、公共圏における政策論議が、再生可能エネルギーの導入を望む市民の声を積極的に反映したという事情がある。社会

制御の過程で、制御中枢圏をとりまく公共圏の論議が活発になされることこそ、支配システムの文脈でも経営システムの文脈でも問題解決を促進するのである。

■討議・自習のための課題

1. 次の価値理念は、それぞれ、社会計画、市場、社会運動のどれに対して、親和性が強いと考えられるか。

・自由　・賢明さ　・人権の尊重　・自己決定性　・効率
・（決定手続きの）公正　・（分配の）衡平　・連帯

2. 社会制御システムが課している枠組み条件の優劣が、事業システムにおける問題解決の成否を傾向的に規定していると思われる、何らかの他の具体例をあげてみよう。

【文献】

井田 均, 2005,『主役に育つエコ・エネルギー』緑風出版.
国立国会図書館, 2010,『調査と情報』683:2.
ハーバマス，ユルゲン（細谷貞雄・山田正行訳），1994,『[第2版] 公共性の構造転換―市民社会の一カテゴリーについての探究』未来社.
舩橋晴俊, 2001,「「政府の失敗」の克服のために―改革の方法の提案」（舩橋晴俊・角一典・湯浅陽一・水澤弘光『「政府の失敗」の社会学―整備新幹線建設と旧国鉄長期債務問題』ハーベスト社, 第11章).
舩橋晴俊, 2010,「社会構想と社会制御」(『組織の存立構造論と両義性論―社会学理論の重層的探究』東信堂, 第3章).
和田 武, 2008,『飛躍するドイツの再生可能エネルギー―地球温暖化防止と持続可能社会構築をめざして』世界思想社.
BMU［ドイツ環境省］, 2010, Eneueurbare Energien zu Zahlen.
NEDO, 2011,「日本における風力発電導入量の推移」［NEDOホームページ, 2012.1.31］

第6章 日本社会の特徴
——森有正の示唆

1．日本社会論の問題意識

 これまで、社会学のいくつかの領域について説明してきたが、ここで視点を転じて、日本社会と日本人の人間関係のあり方について、考えてみよう。社会学は、近代社会の自己認識の努力として発展してきたが、この課題は、日本社会に生きる者にとっては、近代日本社会がいかなる社会であるのかという問いとして探究される必要がある。

 近代日本社会の歩みの中では、技術力や経済力や政治力の急速な伸張努力が一面で大きな成功をおさめるが、それが次第に暴走状態とも言うべきものに変質し、ついには破局的事態にいたるということが繰り返されてきた。明治維新後、日本は大日本帝国として近代国家を確立したが、度重なる戦争を経て、昭和期には天皇制ファシズムと呼ばれるような戦時体制を構築し第二次大戦に突入し、1945年には広島、長崎の原爆投下を経て、敗戦の廃墟に至った。

 戦後復興期を経て1955年からは空前の高度経済成長を実現したが、水俣病をはじめ、他の先進工業国に見られないような深刻な公害が続発し、1960年代には公害の空前の激化に見舞われてしまった。1970年代になって公害対策は進展したものの、原子力政策も強引に推進され、原発の危険に対するさまざまな警告は繰り返し無視され、ついに2011年3月の福島原発震災に至った。

 以上のような破局は、そのつど、考えるべき切実な問題を人々に

提起してきた。このようなさまざまな破局を伴う、近代日本社会を見つめるならば、近代化一般ではなく、他ならぬ日本社会における近代化、あるいは、近代化を通して現れてくる日本社会の問題性を問うことが必要になる。

　日本社会と日本人についての考察は、すでに多くの人々によってなされてきた。ルース・ベネディクトは、日本社会を「恥の文化」という特徴において把握し、「罪の文化」という特徴を有する西洋社会との差異を捉えようとした（ベネディクト 1948）。丸山真男は、日本の集団が閉鎖的で外部との対話を欠く状況を「タコツボ」型社会として批判的に描いた（丸山 1961）。中根千枝は、日本社会における人間関係を「タテ社会」という言葉によって分析するとともに、集団形成の原則が、場所中心主義という特色を有することを指摘した（中根 1967）。これらの論考は、それぞれ日本社会の自己認識に有力な見方を提供している。そのような日本社会についてのさまざまな考察の中で、ここでは森有正という1人の思想家の思考を手がかりに考えてみたい。森有正は狭い意味での社会学者ではないが、彼の数々の著作に示された人間と社会に対する省察は、非常に興味深い社会学的含意を有している。

2．森有正の言う意味での「経験」

　日本社会についての森有正の考察において、中心となる言葉は、「経験」と「(私的) 二項関係」である。これらの言葉のまわりに、さまざまな言葉が定義されており、それらは補いあいながら日本社会とその人間関係に照明を与えている。経験という言葉は、日常用語においては、体験という言葉とあまり区別されていない。しかし、森の使う意味では、経験と体験とは、はっきり区別され、経験には異質のものに開かれた感覚と自己批判の姿勢、そして、自己を克服

していく主体性の発揮という含意があるのである。

　では、森の言う意味での経験とはどのような過程であろうか。森によれば、経験の出発点には、「内的促し」(あるいは、内面的促し)がある。「私どもの中に経験の結晶が始まる前に内的促しというものが起こる。内的促しというのは何かと言うと、このままじっとしていてはいけない、なにかしなければいけないということです」(森 1975：56)。この内的促しの指し示す方向に人が歩み始め、努力を始めるとき、経験の深化が始まるのである。

　端的に言えば、経験とは、個人が内的促しに従って何かをつくりだそうとし、その過程において直面する自己内外の障害を克服しようとする過程で、生み出され深化するものである。この経験の深化の過程は、それと密接に関連するいくつかの言葉に注目することによって、さまざまな角度から照明を与えることができる。

　まず、自己克服としての経験という側面を見てみよう。「経験とは、ある点から見れば、ものと自己との間に起こる障害意識と抵抗との歴史である」(森 1999a：26)。森はオルガン演奏に即して、経験の深化の過程を説明している。「バッハは演奏の理想を楽譜に書かれている通りに演奏することである、と言った由であるが、この理想は、そこに達する一歩手前で、自己とその克服の問題という深淵を控えている」。「演奏の理想として、楽譜に書かれている通りに演奏する、ということは、……、不断の主体の緊張、自己克服の努力、更に言い換えるならば、楽譜に書かれている通りに自己を克服する絶え間のない活動である、ということにある」(森 1999c：17)。

　そして、経験の深化を対象面に即して表現する際に、森は、「もの」という言葉を使用する。「このものは経験の中にだけ現れて来るものである。換言すれば生まれて来るのである」(森 1999c：18)。森のいう「もの」とは物質一般を指すのではまったくない。経験の深

化のなかで、抵抗性を備えて生まれてくるものが、森の言う意味の「もの」である。「そういうものだけが抵抗性、もののもっとも顕著な徴表の一つである抵抗性をもっている」(森 1999c：19)。抵抗性の具体例としては、完成した芸術作品を考えればよい。例えば、完成した名曲や名画は、一つの音符や一つの線を、そこから取り去ることも、そこに付け加えることもできない。芸術作品はそのような意味での抵抗性を備えているのであり、それを可能にしているのは、その作品を生み出した芸術家の経験の深化とその中での自己克服の過程なのである。

さらに、経験がどのような過程であるかに照明を与えるのが、森の言う意味での「冒険」である。冒険とは「ある、未知の、しかも起こりうる事態に対する根本的な「念願」と「不安」とが一体になっている、しかも本当はすでにその未知の事態に自分がのめりこんでいるのだということ、そしてそれが意識の相を立体的に、奥から決定しているような人間の状態を意味する」(森 1978：395)。経験の深化の過程は、冒険という性格を帯びている。「経験はそういう自己の内部における対立を本質的に含むものであり、それを超克して促しの指し示すところに赴き、冒険に身を投ずること、またその結果なのである」(森 1999a：86)。

このような意味での「経験」の含意は、「体験」と区別することによって、より明確になるであろう。経験は、自己と異質な未知のものに対して開かれた感覚を備えていることによって、また、そこに自己批判の契機を含むことによって、異質なものとの接触に対して閉ざされ、自己批判の契機を持たない「体験」と区別される。異質なものを異質性において捉える感覚を備えていることが、各人において、経験の深化が可能になる条件である。これに対して、体験においては、本来は異質なもの、未知なものに直面した場合にも、

それらを既知のものに還元して、わかったつもりになるという態度がとられる。体験とは「広い意味で経験の一部であるが、ある本質的なものが欠けている経験である。換言すれば、自己の中に批判の原理を包含していない経験であって」、本当の人間経験から区別されるのである（森 1999c：25）。

　以上のような意味での経験は、独立した主体としての個人を定義するものであり、各人が何者であるのかという問いへの答えは、その個人の経験の内容によってこそ与えられるであろう。

３．私的二項関係

　このようなかたちで経験を把握する視点から見ると、日本人と日本社会に関して、どういう論点が提起されるであろうか。

　森は、日本社会における経験が、個人を定義するものではなく、二人の人間を定義していると論ずる。「二人ということを強調するのは、その「経験」が二人称の世界を内容とするからである」（森 1979：62）。森は、一人称としての「我」、二人称としての「汝」、三人称としての「彼・彼女」の区別に注目し、これらの言葉を使って、日本人の経験の特徴を解明しようとする。

　端的に言えば、日本人は、「我と汝」という形で、人間関係の中の自分を経験するのではなく、「汝の汝」として生きているのである。

　「「日本人」においては、「汝」に対立するのは「我」ではないということ、対立するものもまた相手にとっての「汝」なのだ」（森 1979：63-64）。「親子の場合をとってみると、親を「汝」として取ると、子が「我」であるのは自明のことのように思われる。しかしそれはそうではない。子は自分の中に存在の根拠をもつ「我」ではなく、当面「汝」である親の「汝」として自分を経験しているのである。それは子が親に従順であるか、反抗するかに関係なくそうな

のである」(森 1979：64)。

　このような二人の人間の関係を、森は「私的二項関係」あるいは短く「二項関係」と呼ぶ。これは「二人の人間が内密な関係を経験において構成し、その関係そのものが二人の人間の一人一人を基礎づけるという結合の仕方である」(森 1979：66)。では二項関係は、どのような関係なのだろうか。二項関係は、第1に、親密性、第2に、関係の方向の垂直性という特徴を有する。

　親密性とは、あらゆる他人の参入を排除し、唯一人だけが「汝」として入ってくるような関係である。「そしてこの二人の間では、互いにその「わたくし」(他人の入ることのできない自分だけの領分)を消去してしまうが、そういう関係自体は、同時に、外部に向かっては、私的存在の性格をもつ」(森 1979：69)。「二者の間には秘密はなく、凡てを許し合い、また要求しあう」(森 1979：69)。

　二項関係の第2の特徴は、その関係が平等な二人の間の関係ではなく、上下関係、垂直的な関係であることである。例えば、親と子、上司と部下、先生と生徒、師匠と弟子、先輩と後輩といった関係は、そのような上下関係である。しかもこの上下関係は、既成の社会秩序の中に埋め込まれている。

　このような二項関係は日本語と絡み合う形で、日本社会の人間関係の根深い特徴となっている。日本人の思考は日本語を通してなされるのであり、日本人の感受性も日本語と深く結びついている。森は日本社会における二項関係の特徴を、日本語の有する敬語の体系の発達と現実嵌入という点に注目しながら検討している。日本人や日本社会についての諸論考の中でも、森の考察の特徴は、日本語についての掘り下げた検討に基づいている点にある。

　容易に見て取れるように、日本語では敬語の体系が高度に発達している。中立的表現はむしろ例外的である。卑近な例をあげよう。

学校で教師と学生が会話するとき、英語圏ではお互いを呼び合うのに、you を使う。しかし、日本語では、学生が教師を呼ぶのに「あなた」という言葉ではなく、「先生」と呼ぶのが一般的である。この「先生」という言葉自体には、会話に関わっている二人の間の上下関係が含意されている。これに対して you という単語自体には、そのような上下関係は含意されていない。

このような日本語の特徴を、森は「現実嵌入」という言葉によって捉えた。現実嵌入とは、言葉がそのつどの具体的な現実と深く絡み合っており、現実に対する独立の程度が低いことである。このことは現実に対する「距離をとった思考」を難しくしている。

以上のような（私的）二項関係の中にいる個人は、その意志決定や行為に関して、どのような特徴を示すであろうか。

基本的な特徴は、1人ひとりの主体性の未熟ということである。主体性とは意志決定能力とその実行能力を含意している。ところが、二項関係における個人は、そのつどの判断や意志決定が、「汝」というべき他の個人に依存し、その影響を大きく受けるのである。言い換えると、各人の判断基準における自律性が欠如あるいは不十分である。「あるフランスの知人が日本人の最大の欠点として「限度を知らないこと」をあげていた。限度を知らない、とは、力関係において自己を抑え、規律することを知らない、ということである。世界第三の大海軍国、敗戦を知らない国、国民総所得自由世界第二位、等々、みな同じ発想であり、自己を外面的に他国と比べて一喜一憂している。凡て同じ発想であり、本当の標準が自分の中にないことを示している」（森 1999c：172）。

この主体性の未熟ということは、無責任性につながる。「二項関係は、人間が孤独の自我になることを妨げると共に、孤独に伴う苦悩と不安を和らげる作用を果たすのである。また二人の人間が融合

することによって、責任の所在が不明確になるのである」(森 1979：70)。

4．日本社会についての認識への示唆

以上のような視点は、日本社会のどういう特徴を浮き彫りにするであろうか。森は言う。「そういう一種の内的促しによって、私どもは右にも左にも動く。その一番大事なことは、日本という国は昔から内的促しを殺しに殺し続けてきたのです。内的促しとはつまり、一人の人間が個人になるということ、その人になるということ。それはなぜかと言いますと、さきほどの二項方式の問題になるわけです。その人が本当の個人になれば、その人は社会にとっても、天皇にとっても親にとっても他人になりますから、それを日本人は恐れるのです」(森 1975：57)。

このような日本社会についての認識は、すでに検討してきた環境社会学、組織社会学、社会計画論のそれぞれと組み合わされる時、どのような洞察を提供するであろうか。

環境社会学の領域で、日本の環境問題の歴史を振り返ってみれば、1960 年代における日本社会の公害の空前の激化の根底には、二項関係が支配的な社会における主体性の未熟と無責任性が作用していたと言えよう。1950 年代における水俣病事件の無責任な放置は、その代表的例である。

組織社会学の領域において考えてみよう。二項関係の集積としての日本の集団や組織は、どのような特徴を有するであろうか。日本の組織については、さまざまな論者が「集団主義」としての特徴を指摘している。この集団主義は、所属集団に対する個人の忠誠や、成員同士の一体感が高く、チームワークよく協力して目的を効果的に達成するという積極面を持っている。だが、日本の集団や組織は、

その内部に対してはきわめて敏感で、きめ細かな配慮をする反面、外部に対しては鈍感で、時に傍若無人な態度、あるいは外部からの批判に虚心に耳を傾けようとしないという態度を示す。福島原発震災の以前から、地震や津波の危険性が何回も警告されていたが、それらが原発推進主体によって軽視され、真剣な安全対策が採用されなかった背景には、日本の組織の閉鎖性と外部に対する鈍感さという特徴が露呈している。

さらに、社会計画論の領域において重要なのは、「二項関係」の集積としての社会は、公共圏が貧弱になる傾向を示すことである。すなわち、政策決定過程において、行政組織が公衆の参加や公衆からの批判を嫌い、密室による意志決定、あるいは「身内の範囲」での意志決定を行うことを好むのは、その代表的な現れである。また、二項関係に覆われた社会では、社会制御の過程において、主体間の緊張関係を伴う規制的手法を効果的に使用できず、規制が空洞化したり、なれ合いになったりする傾向を示す。「三権分立」の解釈も、司法は行政に介入しないという消極的姿勢に傾きがちである。司法関係者が行政との間に緊張関係を保ちつつ、行政の不適切な決定にたいする是正機能を発揮するということが、日本においては稀である。日本の司法が危険な原発の建設に歯止めをかけることができなかった点に、このことは典型的に現れている。

以上、三つの領域に即して、森の視点が日本社会の特徴をどのように照射するのかを検討してきた。それに加えて、経験を基軸とした森の考察は、通常の社会（科）学的議論においては、容易には取り上げることのできないような社会過程における主体性の発揮の意義について、深い洞察を提供するものである。特に、「不可知論的態度」についての森の記述は示唆深い。

森は1968年5月におけるフランスの五月危機を目の当たりに

経験した。五月危機とは当時のド・ゴール大統領政権下にあって、学生運動に端を発しフランス全土に広がった社会変革を要求する運動がもたらした非日常的状況である。要求提出と異議申し立てを伴う民衆の集合行動が全土に噴出し、千万人が参加したと言われるゼネストが決行され、日常的秩序は完全に崩壊した。公共交通機関はもとより、放送までストによって停止する事態となった。

この危機にド・ゴール政権はどのように対処したのか。警察力や軍事力の行使による秩序回復ではなく、総選挙をすることによって、民衆の意志を問うたのであった。選挙の結果は、ゼネストを主導した左派政党ではなくて、ド・ゴール派の勝利であり、保守政権の継続であった。この経過の意義について、森は次のような考察を記している。

「今回のド・ゴールの成功（他のどういう言葉でそれを呼ぶことができるであろうか）は、一に、かれの存在の根柢をなす、またフランス精神の本質的契機をなす、不可知論的心性（アグノスティック）と意志決定の能力とにあると私は信じている。かれほど狂信（ファナティスム）から遠い人間はいない」。「ここで絶対に誤解があってはならないが、この不可知論は哲学上のいわゆる懐疑主義とは何の関係もないものである。それはもっと倫理的あるいは道徳的なものであって、自己に対する根本的懐疑とすれすれのものであり、自分は間違っているかも知れない、ということを決して忘れない心性である。これは決して言葉に出す必要のないものであり、ただ実際の行動に無限に微妙なニュアンスを帯びさせるものである。そしてことの成否を決定するのはこの微妙なニュアンスである」（森 1999b：62-63）。

この不可知論的態度は、経験を有する人格の主体性の質を表すものであり、異質なものに対して開かれ、自己を相対化し自己を批判できる態度である。そして、そのような態度こそが、社会過程にお

ける「ことの成否を決定する」のである。この「不可知論的態度」という視点は、通常の社会学が容易には把握しがたいような、社会過程のある大切な局面を把握している。森は思想家あるいは哲学者と言うべき人であるが、このような森の社会認識と人間認識は、社会学にとってきわめて示唆的である。そして、森の提示している日本社会についての省察は、多面的な教示を日本人に提供している。とくに本章の冒頭で記したような、日本社会における一面での成功が、やがて暴走とも言うべき状態に変質し、ついには破局に至るという事態に対して、説得力のある照明を与えている。

■討議・自習のための課題

1. あなた自身にとって、「内的促し」という言葉で示したいようなことが、これまで、どのような形で、あったであろうか。

2. 森有正の著作の中から、「経験」という言葉が使用されている示唆的な文章を 20 以上選び、読書ノートを作ってみよう。

【文献】
中根千枝, 1967, 『タテ社会の人間関係』講談社.
ベネディクト, ルース（長谷川松治訳）, 1948, 『菊と刀』社会思想社.
丸山真男, 1961, 『日本の思想』岩波書店.
森有正, 1975, 『古いものと新しいもの』日本基督教団出版局.
森有正, 1978, 「巴里私記」『森有正全集　第 4 巻』筑摩書房, 381-438 頁.
森有正, 1979, 「経験と思想」『森有正全集　第 12 巻』筑摩書房, 3-111 頁.
森有正, 1999a, 『森有正エッセー集成 3』筑摩書房.
森有正, 1999b, 『森有正エッセー集成 4』筑摩書房.
森有正, 1999c, 『森有正エッセー集成 5』筑摩書房.

第7章 中範囲の社会学理論

　第3、4、5、6章では、それぞれ社会学の個別的領域について検討してきたが、ここで、社会学の諸領域で創造的な研究を成し遂げるための方法について考えてみよう。どのようにしたら、的確な社会学的認識を獲得できるのであろうか。このような問いを考えることが、社会学の方法論の課題である。方法論についてのさまざまな論議の蓄積の中から、本章では方法論の基礎として重要な「T字型の研究戦略」と「中範囲の理論」をとりあげる。実証的研究と理論的研究との関係が、これらの焦点に来る。

1. 社会学における実証と理論

　社会学において実証的な研究が重要なのは、現在あるいは過去の社会とその中での人々の生活を認識しようとする社会学の性格からみて当然である。それゆえ、社会学は実証的研究のためのさまざまな社会調査の方法を開発し発達させてきた。その点では、社会学は社会諸科学の中でも、もっとも工夫を重ねてきた学問であると言えよう。本書でも、第10章において、社会調査について検討することにする。

　他方、社会学においては、理論的な研究も不可欠である。理論が必要であるということは、あらゆる科学の要請であるが、では、理論とは何なのか、理論の役割は何なのかということを考えておく必要がある。これらの問いについての本書の考え方は、次のようなも

のである。「社会学における理論とは、経験的認識にかかわるものであり、社会現象についての「規則性の発見と説明」、および、「意味の発見」を、少なくともある程度の一般性をもって可能にするような、相互に関連している概念群と命題群のことである」(舩橋 2010：193)。

　理論の第1の役割は、規則性の発見とその根拠の説明である。このことは、自然科学においてはほとんど自明視されているが、社会科学においても規則性の発見と説明という課題を理論が担うのである。この点で、すぐれた理論とはより広い対象に即して規則性を発見し、また、説明できることである。さらに理論の第2の役割は、「意味を発見」できるということである。この「意味の発見」とは、日常意識では気づかれていないような社会的事象の特質や含意を掘り起こし、明確化することである。自然科学の理論概念も「意味の発見」という役割を担うものであるが、それ以上に社会学においては「意味の発見」が非常に大切である。

　以上のように、社会学の研究においては、「実証的研究」と「理論的研究」の双方がともに大切なのである。では、両者の関係をどのように理解し、両者をどのように関係づけたらよいのであろうか。ここで提唱したいのが「T字型の研究戦略」である。

2．T字型の研究戦略

　社会学において理論的研究と実証的研究は、他の多くの経験科学と同様に、いわば車の両輪である。そのどちらも社会理解に必要であり、それぞれが深められるべきである。しかも、それぞれを深める上で、他方との適切な関係づけが大切になってくる。両者を切り離してその一方のみを深めようとしたのでは、大きな前進はできないであろう。ここでは、両者の一つの関係づけの回路として、「T

字型の研究戦略」について考えてみたい。

　まず自覚すべきことは、一般に「理論研究」という言葉には、「学説研究」と「理論形成」という二つの含意があることである。両者は区別されなければならない。学説研究は理論形成を支える前提ではあるが、理論形成そのものではない。本章は「理論形成」という意味での理論研究にこそ、積極的な意義があると考える立場をとっている。

　理論と実証との関係について、積極的に推奨したい方向づけが、「Ｔ字型の研究戦略」である。Ｔ字型の研究戦略とは、「実証を通しての理論形成」という考え方にたって、図８のように、実証的研究努力と理論的研究努力とを結びつけることを言う。

　図８の下の方の部分は実証研究の領域を示しているが、そこでは、対象を限定した狭く深い実証的研究を行うことが必要である。対象を限定した上で、その対象に即して、詳細なデータを自分で集め、徹底的に調べることが大切である。対象となるのは、例えば、一つの環境問題、一つの組織、一つの政策決定過程、あるいは、一つの地域社会というようなものである。

　限定された対象について深く調べていくと、どこかで、対象の本質的特徴を把握するような「着想」を発見することができるであろう。その着想を、一般的な適用範囲を有するような概念群や命題群へと整理し表現することが、理論形成への歩みとなる。つまり、実証研究を通して着想を発見し、それを理論概念へと鍛え上げていくのがＴ字型の研究戦略である。すぐれた理論の一つの条件は、適用範囲が広いという意味での射程の一般性を有することである。Ｔ字型の研究戦略の肝心な点は、射程の一般性のある理論概念の発見のためには、個別的な対象についての狭く深い実証研究をするべきであるという逆説的な方法の提唱である。

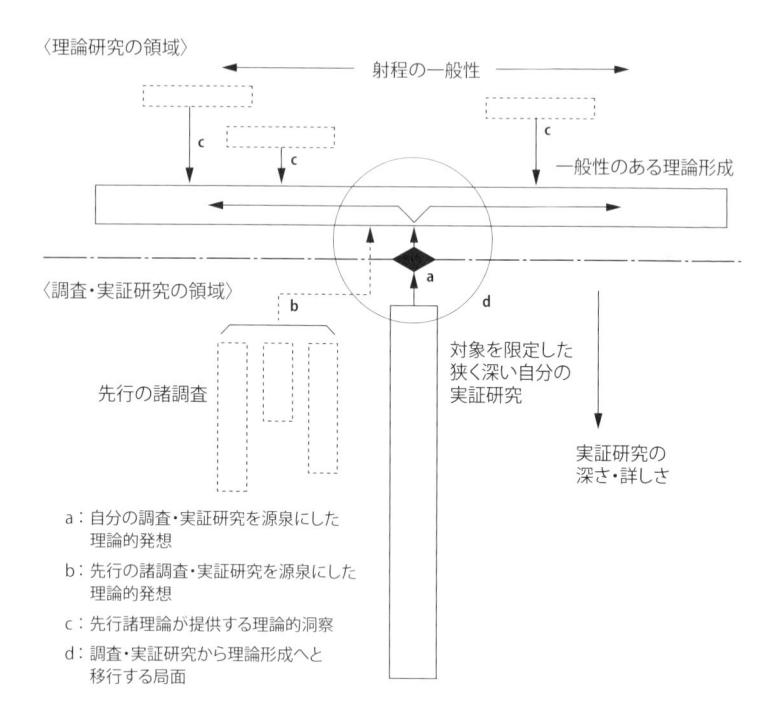

図8 T字型の研究戦略

〈理論研究の領域〉

射程の一般性

一般性のある理論形成

〈調査・実証研究の領域〉

先行の諸調査

対象を限定した
狭く深い自分の
実証研究

実証研究の
深さ・詳しさ

a：自分の調査・実証研究を源泉にした
　　理論的発想
b：先行の諸調査・実証研究を源泉にした
　　理論的発想
c：先行諸理論が提供する理論的洞察
d：調査・実証研究から理論形成へと
　　移行する局面

　これに対して、T字型の研究戦略とは異なって、先行学説の研究から理論形成を目指すという方法は、一見容易な近道に見えたとしても、実は、非常に困難な道、迷路のような道ではないかというのが筆者の判断である。逆に、T字型の研究戦略は、長期の、時には数年にわたる実証的研究を要請するが、それは回り道であっても迷路ではなく、創造的な理論形成を可能にするのである。環境社会学における「被害構造論」(飯島 1993)や、組織社会学における「戦略分析」(フリードベルク 1989)は、それぞれ多数の対象に対して

有効な優れた理論枠組みであるが、いずれも、(各筆者はそう表現してはいないけれども)「T字型の研究戦略」に立脚して形成されたものなのである。

「T字型の研究戦略」の応用として、「T字型の学習戦略」も提唱しておきたい。その意味は、何らかの理論を理解するためには、理論だけを学ぶのではなく、その理論によって有効に説明できたり、豊かな意味発見が可能になるような、具体的現実について、実証的知識を豊富に持っていることが必要であるということである。個別具体的な現実について熟知していてこそ、それを有効に解明できる理論が理解できるようになる。そのような現実との対応づけを欠いたとき、理論は空語にとどまってしまう。

3.「中範囲の理論」の基本的意味

前述のような「T字型の研究戦略」を具体化する際、さらに推奨したいのが、R．K．マートンが提唱した「中範囲の理論」である（マートン 1969)。では、「中範囲の理論」とはどのような方法論的立場なのであろうか。

「中範囲の理論」の性格を捉える手かがりとして、それが、どういう他の立場と対抗関係に立っているのかを、まず考えてみよう。マートンが説いているように、「中範囲の理論」の立場は、一方で、理論形成への志向を持たない実証研究に対して、他方で、すべてを包括するような一般理論を今すぐに形成しようという志向に対して、共に批判的である。というのは、前者は「規則性の発見」をしようとしないし、後者は抽象的すぎて「観察されるものを説明できない」からである。それらのいずれとも異なる道をマートンは提唱する。

マートンによれば、「中範囲の理論」が理論形成の対象とするのは、社会現象の特定の一つの側面である。「中範囲の理論はそのレッテ

ルが示すように、社会現象の局限された側面を扱うのである。たとえば、準拠集団の、社会移動の、役割葛藤の、社会規範形成の理論というように」（同論文：4下）。このように限定された対象に対して理論形成を志向することが、「中範囲の理論」の特徴である。

そして、理論の体系的構築という点では、中範囲の理論の存在する位置は、経験的一般化と一般理論の中間にあるのである。すなわち、中範囲の理論とは「日々の調査の間にうんと出てくる、ちょっとした、しかし必要な作業仮説と、社会行動、社会組織、社会変動などについて観察されたすべての斉一性を説明しようとする統一的理論を展開するための、いっさいを包括した体系への努力との中間にある理論である」（同論文：4上）。

ここで、「経験的一般化」とは「二つ、ないしそれ以上の変数間の観察された斉一的関係を要約した、ばらばらの命題」（同論文：6下）のことである。「産業化が進むほど、都市への人口集中が進む」「所得水準が上昇するほど、家計支出における食品購入費の比率は低下する」といった命題は、経験的一般化の例である。

これに対して、「一般理論」とは、「いっさいを包括する統一的理論」（同論文：13）のことであり、社会行動、組織、社会変動のどの側面をも包括的に対象とするような理論のことである。この一般理論の（当時の）代表者として、マートンは、タルコット・パーソンズを意識していた。

経験的一般化でもなく、一般理論でもないものとして構想される「中範囲の理論」を、マートンは、経験的一般化との関係において、次のように説明している。「どの中範囲の理論も、単なる経験的一般化……以上のものである。一つの理論は仮説群から構成されていて、経験的一般化それ自身はそこから導き出されたのである」（同論文：6）。

この説明の意味を、エミール・デュルケームの『自殺論』を例に検討してみよう。というのは、マートンは『自殺論』を中範囲の理論の最良の一例として高く評価しているからである。よく知られているように、デュルケームは自殺に関する統計的データを精査して、自殺という社会現象に関して、さまざまな規則性を見出そうとした。
　その結果、例えば、「カトリックはプロテスタントより自殺率が低い」「既婚者は独身者より自殺率が低い」「戦時においては、平時においてより自殺率が低い」というような事実が観察された。これらの観察されたデータから、デュルケームは、次のような命題群を定式化した。

「自殺は、宗教社会の統合の強さに反比例して増減する。
　自殺は、家族社会の統合の強さに反比例して増減する。
　自殺は、政治社会の統合の強さに反比例して増減する。」
　　　　　　　　　　　　　　　（デュルケーム 1968：155）

　これらの三命題は、それぞれ「経験的一般化」である。さらに、これらの命題を、論理的に導出できるような、より基本的な命題として、デュルケームは、次の命題を提示している。

　「自殺は、個人の属している社会集団の統合の強さに反比例して増減する。」（同書：156）。

　この命題は、自殺についての「中範囲の理論」を構成する中心的命題と言えよう。そして、補助的に、「社会的な統合の強さは社会集団に応じて多様である」という命題を加えて二つの命題群（あるいは仮説群）をセットにして考えれば、上述の三つの経験的一般化

を論理的に導出できる。マートンが提唱する「中範囲の理論」の基本的姿は、このようなものとして把握できよう。

4.「中範囲の理論」と「対象の大きさ」の関係

ここで、「中範囲の理論」とは何かについて、より深く理解するために、中範囲の理論と、研究対象の大きさについて考えておきたい。しばしば誤解されることだが、中範囲の理論は「対象の大きさが中範囲である」ことを意味しない。この点についてマートンは、「このタイプの理論は、小集団研究にみられるようなミクロ社会学の問題と、社会移動やフォーマルな組織の比較研究、および社会制度の相互依存にみられるようなマクロ社会学の区別と交差する」（マートン 1969：49 上）と、明記している。ミクロ社会学とか、マクロ社会学とかは、「対象の大きさ」に基づいた社会学の分類である。この視点での分類としてマートンはミクロ社会学とマクロ社会学の二分類を提示しているが、さらに、両者の中間にメゾ社会学を加えれば三分類も可能である。

これに対して、「中範囲の理論」とは「理論の性格」についての特徴である。理論の性格に関して、理論構築が高度化していく段階は、「経験的一般化」→「中範囲の理論」→「一般理論」という順番として把握できよう。この諸段階を表す分類軸と、対象の大きさを把握する分類軸とは交差するのである。例えば、ミクロ社会学の対象となる小集団をとりあげて、それについての経験的一般化命題をつくることも、中範囲の理論をつくることも、それを一般理論の対象とすることも可能である。同様に、メゾ社会学の対象としての組織についても、マクロ社会学の対象としての社会変動についても、理論構築のさまざまな段階での取り組みが可能である。メゾ社会学の対象を相手にした理論的考察だから「中範囲の理論」であるとい

うわけではない。すなわち、中範囲の理論はミクロ社会学、メゾ社会学、マクロ社会学の区別と交差するのである。

5．「中範囲の理論」の有する長期的発展戦略

　マートンの提唱する中範囲の理論の意義は、さらに、「理論形成の長期的戦略」という点からも理解しなければならない。マートンの方法論的提案が魅力的なのは、単に一つの堅実な理論をいかにして形成するかというレベルにとどまらず、社会学理論の長期的な発展戦略を明解なかたちで提唱しているからである。

　マートンによる中範囲の理論の提唱は、一般理論の形成努力に対する対抗意識と批判意識と一体になっている。だが、マートンは、社会学の長期的な目標としての一般理論の形成を否定しているわけではない。むしろ、マートンは、そのような目標設定を肯定した上で、独特の長期的発展戦略を提示するのである。マートンは次のように説いている。

　「社会学理論がもしいちじるしく前進しようというのなら、互いに関連しあった次の平面を進まなければならない。（一）特殊理論を開発して、そこから経験的に研究できる仮説を導き出すこと、（二）特殊理論のいろんなグループを統一整理するに足る、より一般的な概念図式をおいおい順を追って展開する（唐突に啓示するのではない）こと」（同論文：22上・下）。

　ここで、注意するべきは、マートンのこのような提唱は、成功した科学としての自然科学の発展の歴史をふまえてなされていることである。マートンは自然科学の発展はいかにして可能になったのかということを検討している。物理学、化学、医学などの進歩の経路には共通の特徴が見出される。当初は、限定された対象についてのさまざまな特殊理論（つまり、中範囲の理論）が作られたのである。

特殊理論とは、特定の限定された対象に有効な理論である。それは、比喩的に言えば「未知の大海」のところどころに浮かぶ島のようなものである。そして、それらの特殊理論の数が増大し、少しずつ段階的に統合が進行してきた。統合の程度が進むにつれて、いわば島々は成長し大陸となる。すなわち、射程の一般性を有する、より体系的な理論が形成されることが可能になる。

　マートンは、さまざまな自然科学の進歩発展が、このような経路をたどったという科学史の知識を整理し、それを社会学の方法論に自覚的に転用することを提唱している。成功した自然科学の発展の歴史が示すのは、多数の科学者の努力が累積していくことの大切さである。天才的科学者の登場やその手による理論の飛躍的革新と見えるものも、その前提として膨大なデータの蓄積が必要なのであり、それは多数の科学者の協力によってこそ可能となる。それゆえに、マートンは このような長期的な研究戦略を非常な自信を持って提唱していると同時に、一人ひとりのなしうることに対して、きわめて謙虚な態度をとっているのである。

6．なぜ、「中範囲の理論」を推奨するのか

　社会学を学ぶにあたって、「中範囲の理論」は、次のような理由から推奨できる方法である。第一に、中範囲の理論は現実に密着しているので、実証的研究と理論的思考を結びつけやすい。つまり、リアリティ感覚を維持しながら、理論用語を使うことができる。第二に、中範囲の理論という立場は、社会学のあらゆる実証的フィールドで採用することができる。家族、福祉、社会階層、都市、環境といったどの分野でも中範囲の理論を形成しうる。第三に、中範囲の理論の提唱それ自体は、説明原理に対して中立的であり、さまざまな説明原理の採用を試みることができる。

以上のような理由ゆえに、学部生が社会学における理論的考察に取り組むためには、中範囲の理論という方法論的立場から入っていくことが、学問的ヒットを打つための堅実な道だと考えられる。ただし、中範囲の理論がオールマイティであるわけではない。というのは、中範囲の理論がぶつかる困難さも存在するのであり（詳しくは、舩橋 2010：第四章を参照）、さらに中範囲の理論という形式に入らないかたちの社会学理論が存在するからである。この点については第 9 章でのべる。

■討議・自習のための課題
1. 「Ｔ字型の研究戦略」が成功し、理論形成を可能にしている研究事例としてどのようなものがあるであろうか。

2. 「中範囲の理論」の立場の有する困難、あるいは、限界にはどのようなものがあるであろうか。

【文献】
飯島伸子，1993，『改訂版　環境問題と被害者運動』学文社．
デュルケーム（宮島喬訳），1968，「自殺論」尾高邦雄編『世界の名著 47 デュルケーム　ジンメル』中央公論社，49-379 頁．
舩橋晴俊，2010，『組織の存立構造論と両義性論―社会学理論の重層的探究』東信堂．
フリードベルグ，E．（舩橋晴俊／クロード・レヴィ＝アルヴァレス訳），1989，『組織の戦略分析―不確実性とゲームの社会学』新泉社．
マートン，R．K．（森好夫訳），1969，「中範囲の社会学理論」日高六郎他篇・森東吾他訳，『現代社会学大系第 13 巻　社会理論と機能分析』青木書店，3-54 頁．

第 **8** 章 ヴェーバーの方法論と
合理性への視点

　第 7 章では社会学の方法論について検討したが、それに続くかたちでマックス・ヴェーバーの社会科学方法論を本章で検討することにしよう。ヴェーバーはカール・マルクスと並んで、20 世紀の社会科学に対して、もっとも影響力の大きかった研究者であり、方法論はその業績の一端にとどまるが、社会学を学ぶ者にとって必読の論文がそこに含まれている。本章ではまた、ヴェーバーの膨大多岐にわたる実質的研究内容に接近していくための手がかりとして、ヴェーバーがどういう問題意識で近代社会を見つめていたのかを検討してみよう。方法と内容の双方からヴェーバーへの業績への入り口を示そうというのが、本章の課題である。

1．科学的認識、価値、観点の関係

　ヴェーバーの方法論の全体像を把握することは、その業績が膨大であることからも容易ではない。ここでは、ヴェーバーの方法論に取り組む端緒として、彼の代表的論文、『社会科学および社会政策にかかわる認識の「客観性」』（ヴェーバー 1998）を取り上げることにしたい。本書は社会科学方法論の古典として、広く知られたものであるが、初学者にとって、その理解は容易ではない。そこでここでは、本論文の核心をなす五つの論点、すなわち、①価値判断と経験科学的認識の論理的区別、②経験科学的な認識の前提としての「主観的な観点」、③主観的な観点を支える価値理念、④法則定立的認

識と個性把握的認識の区別、⑤理念型論、に絞って説明することにしたい。

（1）価値判断と経験科学的認識の論理的区別

　本書の冒頭において、ヴェーバーは「経験科学的認識」と価値判断との論理的断絶を指摘し、両者を区別するべきことを主張している。ヴェーバーによれば、「あるもの」の認識と、「あるべきもの」の認識とは、原理的に区別されるべきである。あるものの認識とは、事実判断であり、「○○である」「○○でない」という形の命題をとる。これに対して、「あるべきもの」の認識とは、価値判断、あるいは当為判断であり、「○○が望ましい／望ましくない」「○○すべきである／すべきでない」というような形の命題をとる。過去においては価値判断と事実判断を区別していない態度も広範に見られたが、経験科学的研究の課題は、「あるもの」の認識であり、事実判断であることを自覚すべきである。そして、事実判断と価値判断との間には論理的な断絶があり、前者から後者を導き出すことはできないのである。

　だが、そのことは、事実判断と価値判断が無関係であることを意味しない。「問題はむしろ、理想や価値判断にかんする科学的批判とは、なにを意味し、なにを目的とするのか、という点にある」（同書：30）。ヴェーバーは、理想や価値判断に関係する科学的考察の課題として四つを指摘しているが、ここでは、最初の二点を紹介しておこう。

　第1に、「科学的考察の対象となりうるのは、目的が与えられた場合、［考えられる］手段が、どの程度［その目的に］適しているか、という問いに答えることである。」（同書：31）。これは、なんらかの理想や価値判断が支持する一定の目的を実現しようとした場合に、それに対する手段の選択がどの程度、的確であるかに関する判断である。すなわち、手段的合理性（あるいは目的合理性）の有無を、

科学は認識することができる。第２に、「われわれは、もしある考えられた目的を達成する可能性が与えられているように見えるばあい、そのさい必要とされる手段を適用することが、あらゆる出来事のあらゆる連関をとおして、もくろまれた目的のありうべき達成のほかに、いかなる［随伴］結果をもたらすことになるかを」確定することができる（同書：31-32）。この随伴結果の認識は、「意欲された目的の達成」が、他のいかなる価値を損なうことになるのか、何を犠牲にするのかを自覚することを可能にする。目的と随伴結果を秤量することは、責任ある行為に不可欠であり、科学的認識はそのことを可能にする。ただし、仮にプラスの目的達成のために、一定のマイナスの随伴結果が生ずる場合、目的をとって犠牲を甘受するのか、犠牲を回避するために目的を断念するかは「もはや科学のよくなしうる任務ではなく、意欲する人間の課題である」（同書：32）。

このような科学の役割について、ヴェーバーは総括的に言う。「経験科学は、なんぴとも、なにをなすべきかを教えることはできず、ただ、かれがなにをなしうるか、また――事情によっては――なにを意欲しているか、を教えられるにすぎない」（同書：35）。

(2) 経験科学的な認識の前提としての「主観的な観点」の存在

以上のような「価値判断」と「経験的知識」を原理的に区別することと、それに関連する諸問題を同書の第Ⅰ節は取り扱ってきた。そのような議論は、社会科学の領域で、経験科学的認識が成立するということを前提にしているのであるが、同書の第Ⅱ節では、それは、いかなる意味においてなのかが探究される。

ここで、ヴェーバーがまず指摘するのは、経験科学的な認識の前提としての「主観的な観点」の存在であり、「観点に立脚した選択」という事態である。現実の社会は無限に複雑である。社会にかかわ

る経験科学は、その無限に複雑な現実の中から、一定の観点に立脚して、特定の現象のみを選択し、それに注目することによって、可能となるのである。「「社会現象」の分析であって、特定の「一面的」観点をぬきにした、端的に「客観的な」科学分析といったものは、およそありえない」(同書：73)。例えば、どのような事象が社会学や経済学の対象となるのか。「ある事象の「社会－経済的」現象としての性質は、その事象それ自体に「客観的」に付着している、といったものではない」(同書：56)。

　一つの科学の成立のためには、一つの観点が前提になっている。例えば、環境社会学という社会学の一分野が成立するためには、自然環境と人間社会の相互作用がそれぞれにどのような影響を及ぼしあっているのか、人間社会の生産や消費が自然環境にどのような影響を与え、それがひるがえって人間社会にどのようなインパクトを与えているのかという観点が前提になっている。無限に多様な現実から、この観点にとって有意義な事象が選び出されて、環境社会学の対象となる。その時、諸事象間の空間的・時間的な距離は、一つの科学の対象となることを妨げない。例えば、何千 km も離れた途上国の森林伐採と先進国で大量消費される木造製品とは、一つの環境社会学の対象を構成しうる。「諸科学の研究領域の根底にあるのは、「事物」の「即物的」連関ではなく、もろもろの問題の思考によって把握された連関である」(同書 64：ただし訳文を微修正)。

　一つの観点の採用が、一つの科学の成立前提となっているということは、観点を切り替えれば、同一の事物が、別の科学にとっての対象となることを意味する。教室内の木製の机は、どのような生産者がどのような経済制度の下で生産し供給したのか、どのようにしてその価格が決定されたのかという観点から見れば、経済学の対象になる。またそれは、一つの学校法人の財産として、どのような位

置づけを与えられているのかという観点から見れば、会計学の対象となる。

一つの観点の採用が、一つの科学の成立前提となっているということは、観点が選択作用を発揮していることを意味する。「有限な人間精神による無限な実在の思考による認識はすべて、そうした実在の有限な部分のみが、そのつど科学的把握の対象となり、それのみを「知るに値する」という意味で「本質的」なものと見よう、という暗黙の前提の上に立っているのである」(同書：74)。

このような科学の成立前提の自覚は、第1に、われわれがそのつど採用している観点がどのようなものか、それは、他の観点とどのような関係にあるのかという反省を促すであろう。組織社会学について検討した際の「経営システム」と「支配システム」の両義性の把握は、二つの異なる観点の採用によって、可能となっている。

第2に、そのような自覚は、科学の進歩を実現する上で、「新しい観点の設定」が、非常に大切な役割を果たすことを知らせてくれる。「新しい、意味のある観点を開示するのは、新しい問題が、新しい方法をもって探究され、そうすることによって真理が発見されることにあるのであって、その場合にこそ、新しい「科学」が成立するのである」(同書：64-65)。

ここで、ヴェーバーが同書のタイトルにおいて、無限定で、客観性という言葉を使用するのではなく、かぎ括弧にいれた形で「客観性」という表記をしていることに注目しよう。その理由は、このように、主観的な観点に支えられている客観性という含意を表現するためなのである。

(3) 主観的な観点を支える価値理念

では、社会科学の成立前提としての主観的観点はどのように選び取られるのであろうか。言い換えれば、いかなる原理によって、「知

るに値する」という意味で「本質的」なものが選び出されるのであろうか。ここで、ヴェーバーは、認識主体の抱く価値理念の重要さを指摘する。「なにが探究の対象となり、その探究が、無限の因果連関のどこにまでおよぶか、を規定するのは、研究者およびかれの時代を支配する価値理念である」（同書：99）。

例えば第2章で見たように、社会学的想像力を提唱したミルズは、「自由」と「理性」とを彼の社会学的営為の前提となる価値理念として掲げていた。また、例えば、戦後の日本社会における社会科学的研究を支えた価値理念として、「平和」、「民主主義」、「豊かさ」は、数多くの社会科学者に共有されていた。これらの価値理念は、社会科学の成立前提たる観点の設定を支え、どういう現象に注目するべきかを方向づけるのである。「そのつど考察される個性的実在のほんのわずかな部分が、そうした価値理念に規定されたわれわれの関心によって色彩づけられ、それのみが、われわれにとって意義をもつ。それが意義をもつというのは、そのわずかな部分が、価値理念との結合によって、われわれにとって重要となる関係を提示するからである」（同書：83）。

ここで注意するべきは、価値理念に支えられた観点に立脚して認識を洗練する際、事実判断と価値判断との区別という科学的認識の原則は維持されるべきことである。価値理念を抱くということは、現実について価値判断を語り続けるということではない。

価値理念に支えられた観点を持つということは、価値理念に照らして、現実がどの程度、そのような価値理念を実現しているのかいないのかという批判的問題関心を持つことを促す。例えば、環境保全やサステイナビリティという価値理念を持てば、現代の生産や消費を、そういう価値理念に適合的かそうでないのかという視点で批判的に認識できる。それゆえ社会学的研究に際して、価値理念に立

脚した批判的問題関心を有することは可能であり、さらには頻繁に必要とされる。ただし、「批判的価値判断」の直接の表明自体は、科学的研究の範囲を超えた思想的発言、あるいは、政治的見解の領域に踏み込むことを意味する。

2．歴史的個体の把握と理念型
(1) 法則定立的認識と個性把握的認識の区別

次に、留意するべきことは、ヴェーバーは、何が社会科学的認識にとって有意義な事象であるのかは、価値理念との関係において定められるのであって、法則的に反復される事象の探究が、それ自体有意味であることの保証にはならないと考えていることである。ヴェーバーは、法則定立的認識と個性把握的認識との区別を自覚し、前者に対して後者が優越するという立場をとっていた。

法則定立的認識とは、無限に多様な社会事象の中に繰り返し現れるような法則性を発見しようとする認識である。自然科学は、自然法則の認識に非常に重要な位置を与えている。これに対して、個性把握的認識とは、固有名詞のついた歴史的に存在する個体（なんらかの集団、組織、地域社会、全体社会等）の認識である。ヴェーバーにとっては、社会科学において優越的地位にあるのは、次の文章が記すように歴史的個体の認識であった。

「文化現象」あるいは「歴史的個体」の「因果的説明が問題となるばあいはいつでも、因果の法則に関する知識は、研究の目的ではなく、たんに手段にすぎない」(同書：88)。「社会的諸法則の認識は、社会的実在の認識ではなく、むしろこの［社会的実在の認識という］目的のもとに、われわれの思考が用いるさまざまな補助手段のうちのひとつにすぎない」(同書：92)。

(2) 理念型論

では、ヴェーバーが歴史的個体の認識に駆使した概念装置はどのような特性を持っていたのか。ここで、ヴェーバーは、「理念型」論を展開する。では、理念型（独 Idealtypus）とはなにか。

　理念型とは、現実を素材にして、その一定の特徴を純化することによって、認識主体が構成する概念である。「こうした理念型が獲得されるのは、ひとつの、あるいは二、三の観点を一面的に高め、その観点に適合する、ここには多く、かしこには少なく、ところによってはまったくない、というように、分散して存在している夥しい個々の現象を、それ自体として統一されたひとつの思想像に結合することによってである。この思想像は、概念的に純粋な姿では、現実のどこかに経験的に見いだされるようなものではけっしてない。それは、ひとつのユートピアである。」（同書：113）。例えば、「手工業」や「資本主義的産業組織」について、われわれは理念型を形成することができる。また、ヴェーバーが『支配の社会学』（ヴェーバー 1960/1962）において提示した、正当性をそなえた三つの支配形態である「カリスマ的支配」「伝統的支配」「合法的支配」も理念型と考えることができよう。

　「理念型概念は「仮説」そのものではないが、仮説の構成に方向を指示してくれる。それは、実在の叙述そのものではないが、叙述に一義的な表現手段を与えてくれる」（同書：112）。特に歴史的・個性的な因果連関の解明には、理念型概念の構成は必須であるとヴェーバーは説いている。

　ここで、誤解してはならないが、「理念型」はあくまでも認識の手段であって、望ましいという意味での「理想型」という含意はない。「われわれのいう意味での「理念型」は、評価的な判断とはまったく無縁であり、純然たる論理上の「完全性」以外には、いかなるものともかかわりをもたない」（同書：132）。例えば、「民主制」

の理念型と同様に「独裁制」の理念型も構成できるのである。このような意味での理念型概念を構成することは、現実の認識対象の特性を明らかにし、明晰な思考の一助となりうる。

3．ヴェーバーの社会把握の鍵になる視点としての合理性

　以上は、ヴェーバーの方法論の一端であるが、彼の近代社会認識の実質的問題はいかなるものであったろうか。それを理解する手がかりとして、まず、『宗教社会学論集』の「序言」の冒頭の問題意識に注目しよう。

　「近代ヨーロッパの文化世界に生を享けた者が普遍史的な諸問題を取扱おうとするばあい、彼は必然的に、そしてそれは当をえたことでもあるが、次のような問題の立て方をするであろう。いったい、どのような諸事情の連鎖が存在したために、他ならぬ西洋という地盤において、またそこにおいてのみ、普遍的な意義と妥当性をもつような発展傾向をとる——と少なくともわれわれは考えたい——文化的諸現象が姿を現わすことになったのか、と」（ヴェーバー 1972:5）。

　このような問題設定は、それ自体、論争喚起的である。というのは、他ならぬ西洋という地盤において、「普遍的な意義と妥当性をもつような発展傾向をとる文化的諸現象」が姿を現したという認識を前提としているからである。諸文化の多元性とそれらの間に一義的な価値序列を設定することを拒否する立場からすれば、このような認識自体が、西洋人としてのヴェーバーの偏った見方を示すものであるという批判が可能である。

　しかし、例えば文化的な諸現象の代表たる「科学」に注目した場合、ヴェーバーの言うように、「今日、われわれが「普遍妥当的」だと認めるような発展段階にまで到達している「科学」なるもの」（同

書：5）は、西洋を起源として形成されたものである。ヴェーバーによれば、インド、中国、バビロン、エジプトなどにも、高度に昇華された学識や観察が存在していたけれども、西洋で発展した科学にのみ、数学的基礎付け、合理的証明、合理的な実験が備わっていた。実際、現代の日本の中学や高校で教えられる数学や物理や化学等の内容は、いずれも西洋起源のものである。

同様に、芸術、建築、新聞や雑誌、高等教育機関、憲法と法律、官僚組織といった諸領域においても、西洋においてのみ合理性と専門性によって特徴づけられる諸活動が自生的にかつ高度に発展してきた。実際、「近代化」を志向した他の諸地域は、近代ヨーロッパが生み出してきた文化的な所産を熱心に輸入し、それを柱にして近代化を推進しようとしてきた。日本の明治期における文明開化から殖産興業、富国強兵という政策的努力は、それを典型的に表している。西洋起源だから優れているというのではない。他の諸文明も近代化のために、導入するにたる普遍的妥当性を備えた文化諸現象が、西洋でのみ内発的に生み出されたのである。

経済活動においても、同様である。ヴェーバーによれば、「営利衝動」とか「利潤の追求」とかは、世界中のあらゆる国々のあらゆる時代に、そのための客観的可能性がありさえすれば、つねに見られてきたものである。そのような営利衝動は、歴史的には頻繁に、暴力行為や投機による営利、植民地的略奪と結びついてきた。このような冒険者的・投機的な商人資本主義に対して、近代の資本主義的な経済活動とは、市場における交換の可能性を利用することによって利潤の獲得を期待するような経済行為であり、貨幣評価額を尺度とした営業成果の計算に絶えず志向するものである。それは、自由な労働の合理的組織、家政と経営の分離、合理的な簿記といった諸特徴を備えている。ヴェーバーは、これを「・自・由・な・労・働・の・合・理・的

組織を持つ市民的な経営資本主義」（同書：19）と呼び、その固有の特性を明確にするとともに、その成立の事情を解明しようとする。このような「近代の合理的な経営資本主義は、計測可能な技術的労働手段とともに、形式的な規則にもとづく計測可能な法と行政をも必要としている」（同書：21）のであり、社会生活全体の合理的組織化を前提とし、またその不可欠の支柱となっている。

　ここで、世界史的な視点を取り入れながら、冒頭の問いを再表現するならば、「どうして、［旧］中国やインドでは科学も芸術も国家も経済も、総じて、西洋の特色をなしている合理化の軌道にそって発展することがなかったのであろうか」（同書：22）。

　このような大きな問題関心に基づき、ヴェーバーは比較宗教社会学の方法によって、西欧における経済的合理化を鍵にした自生的近代化の起動力を、宗教倫理の特性に求める。近代化の経済形態を支える「エートス」（倫理に根ざした生活態度や行為様式）が、どのような特定の宗教的信仰の内容によって条件づけられていたのか。このヴェーバーの問題関心こそ、古典的名著『プロテスタンティズムの倫理と資本主義の精神』の主題にほかならない。

　ヴェーバーによれば、プロテスタンティズム信徒の宗教的救済確証の要求は、世俗内における禁欲的勤勉と合理的生活態度を生み出すものとなった。各信徒が、主観的に思念している行為の意味づけ（宗教的な救済の確証の希求）と、それに立脚する勤勉で合理的な労働は、その累積的効果として、近代の合理的な経営資本主義の成立という独自の社会的帰結を生み出したのである。

　このようなヴェーバーの問題関心と視点は、「合理化の進展」という視点から、世界史を新しい光のもとに見ることを可能にする。

　また、大きな歴史的変化の文脈の中に、個人や集団の行為の意味を位置づけており、社会学的想像力の駆使の好例と言える。

ここで、注意しなければならないのは、ヴェーバーは「合理化の進展」を、近代世界の自己認識の中心的な視点として選択しているが、「合理化の進展」を無批判的に肯定しているわけではないことである。合理化は科学・技術の進歩とそれに支えられた経済的発展に凝縮的に表現されている。だが、そのことが、望ましい社会の実現や人間性の洗練あるいは成熟を、予定調和的に生み出すわけではないこと、さらには非合理的なものを生み出すかもしれないことを、ヴェーバーは洞察していた。そのことを象徴的に示すのは、『プロテスタンティズムの倫理と資本主義の精神』の末尾近くに記されている次のような一節である。

　「禁欲は僧房から職業生活のただ中へ移され、世俗内道徳を支配しはじめるとともに、こんどは、機械的生産の技術的・経済的条件に縛りつけられている近代的経済組織の、あの強力な世界秩序(コスモス)を作り上げるのに力を添えることになった。が、この世界秩序たるや、圧倒的な力をもって、現在その歯車装置の中に入り込んでくる一切の諸個人――直接に経済的営利にたずさわる人々のみでなく――の生活を決定しており、将来もおそらく、化石化した燃料の最後の一片が燃えつきるまで、それを決定するであろう」(ヴェーバー 1962：245)。「将来この外枠の中に住むものが誰であるのか、そして、この巨大な発展がおわるときには、まったく新しい預言者たちが現われるのか、或いはかつての思想や理想の力強い復活がおこるのか、それとも――その何れでもないなら――一種異常な尊大さでもって粉飾された機械的化石化がおこるのか、それはまだ誰にもわからない。それはそれとして、こうした文化発展の「最後の人々」にとっては、次の言葉が真理となるであろう。「精神のない専門人、心情のない享楽人。この無のものは、かつて達せられたことのない人間性の段階にまですでに登りつめた、と自惚れるのだ」と」(同

書：246-247）。

　ここには、合理主義の浸透を基盤に技術革新と経済成長を続ける現代社会の行く末が、いかなるものになりうるのかという点について、突き放した見方が見られる。ヴェーバーから見れば、人間論的視点から見て、「科学・技術の進歩」の価値は、徹底的に相対化されているのである。

　以上の本章で触れたのは膨大なヴェーバーの知的業績の一端に過ぎない。ヴェーバーの社会学には、世界史全体を見つめる視野があり、同時に、人間性に対する強烈な関心と、現実に対する明晰で醒めた認識、距離を保った批判的認識がある（レヴィット 1966）。ヴェーバーの著作に表出された思想性に触れると、世界はちがった光のもとに見えてくるのである。

■討議・自習のための課題
1. 現代社会の認識の前提として、どのような価値理念を設定することが必要だと考えられるか。

2. 「精神のない専門人、心情のない享楽人」とは、どのような人間を指しているのであろうか。

【文献】
ヴェーバー，M.（梶山力・大塚久雄訳），1955/1962，『プロテスタンティズムの倫理と資本主義の精神』上・下，岩波書店．
ヴェーバー，M.（世良晃志郎訳），1960/1962，『支配の社会学』Ⅰ・Ⅱ，創文社．
ヴェーバー，M.（大塚久雄・生松敬三訳），1972，『宗教社会学論選』みすず書房．
ヴェーバー，M.（富永祐治・立野保男訳，折原浩補訳），1998，『社会科学および社会政策にかかわる認識の「客観性」』岩波書店．
レヴィット，K.（柴田治三郎他訳），1966，『ウェーバーとマルクス』未來社．

第9章 マルクスと物象化論

　カール・マルクスは、19世紀から20世紀にかけての社会科学、哲学、政治思想において、世界的な影響力を発揮した巨人である。社会科学の領域においては、マルクスこそは、ヴェーバーと並んで現代世界の自己認識に最も大きな影響を与えてきたと言えよう。1980年代末以降のソ連型社会主義圏の崩壊と共に、マルクスの知的、思想的影響力は大幅に低下したように見える。だが、マルクスの提起した理論的視点は、今日でもきわめて豊富な示唆を与える。

　ここでは、マルクスの残した膨大な知的遺産のうち、疎外論と物象化論に焦点をあわせて、その意義を検討してみよう。

1．マルクスの疎外論と物象化論

（1）人間への二重のまなざし

　マルクスの思想的・社会科学的営為にあって、根本的関心は人間そのものに置かれている。「ラディカルということは、ものごとを根本からつかむということである。だが人間にとっての根本は、人間そのものである」。（マルクス 1957：41）

　マルクスの人間観は、初期の『経済学・哲学草稿』から晩年の『資本論』に至るまで、さまざまな著作の中に、繰り返し表出されている。その人間観には二重のまなざしがある。一方で、望ましい人間のあり方、可能性として到達しうる人間のあり方が把握されるとともに、他方では、現実の否定的な状態にある人間のあり方が批判的

に把握されている。

　では、マルクスはどのような理念的人間観を抱いていたのだろうか。

　第1に、マルクスの人間観の中心には、労働する主体としての人間、能動的・生産的な人間が置かれている。マルクスの理念的な人間像においては、労働は創造的な活動であり、「自分たちの生を発現する一定の方式」（マルクス／エンゲルス 2002：27）として、肯定的に捉えられている。また、労働は自己実現であり、人間的能力の多面的な開花につながるものとして理解されている。マルクスは、分業の中での専門分化に囚われない労働のイメージを、彼の理想とする共産主義社会の要素として提出している。「共産主義社会においては社会が生産の全般を規制しており、まさしくそのゆえに可能になることなのだが、私は今日はこれを、明日はあれをし、朝は狩をし、午後は漁をし、夕方には家畜を追い、そして食後には批判をする――猟師、漁夫、牧人あるいは批判家になることなく、私の好きなようにそうすることができるようになるのである」（同書：67）。未来社会において、専門労働に閉じこもらない生活を構想するという点において、マルクスは専門分化を現代の宿命と見たヴェーバーと対立している。

　第2に、マルクスは、人間を孤立した原子論的個人としてではなく、共同的存在として把握している。人間は、その生誕から死にいたるまで、社会的存在なのであり、一人の人間の存在と生活にとって、他の人間との関係の在り方が決定的に重要な意味を持つ。マルクスから見れば、「人間の本質とは、個々の個人に内部に宿る抽象物なのではない。それは、その現実の在り方においては、社会的諸関係の総体(アンサンブル)なのである」（同書：237）。マルクスは人間が共同的存在であることを示すにさいして、「類的存在」という言葉を使用

している。個々の人間は、人類という類の一員として存在しているのである。人間の生活の豊かさや貧しさ、幸福や悲惨を問題にする時、このような認識は、社会的諸関係への注目を促す。

マルクスが理念的に抱く人間観は、共同的存在としての人間の自己実現を核心にするものであるけれども、彼が直面した19世紀ヨーロッパ社会の歴史的現実は、そのような理念的人間像からの巨大な乖離を示すものであった。

（2）初期マルクスの鍵概念としての「疎外」

初期の1844年に執筆された『経済学・哲学草稿』（マルクス1964）において、マルクスは、資本主義社会における人間の実態を「疎外（独 Entfremdung）」という言葉を鍵にして把握しようとした。疎外という言葉の基本的意味は、自分が生み出したもの（外化したもの）が、自分のものにならずに、自分に対してよそよそしく対立したものになってしまうことである。内化（独 Aneignung）ということばを、真木悠介にならって、「ある主体が、ある対象を、自己の内的な契機として包摂すること、そのことによって自己の存在を豊穣化すること」（真木 1977：98-99）という意味で使うならば、疎外とは「内化なき外化」である。

マルクスにおいては、疎外という言葉は、この基本的意味を超えて多重的に使用されており、彼が目にする国民経済上の事実について、疎外された労働の四つの意味を指摘している。

第1に、労働の生産物との関係における疎外。「労働が生産する対象、つまり労働の生産物が、ひとつの疎遠な存在として、生産者から独立した力として、労働に対立する」（マルクス 1964：87）。

第2に、労働過程における疎外。「労働が労働者にとって外的であること」。労働者は「自分の労働において肯定されないでかえって否定され、幸福と感ぜずにかえって不幸と感じ、自由な肉体的お

よび精神的エネルギーがまったく発展させられずに、かえって彼の肉体は消耗し、彼の精神は頽廃化する」(同書：91)。

 第3に、類的存在の疎外。疎外された労働は「人間の類的存在を、すなわち自然をも人間の精神的な類的能力をも、彼にとって疎遠な本質とし、彼の個人的生存の手段としてしまう。疎外された労働は、人間から彼自身の身体を、同様に彼の外にある自然を、また彼の精神的本質を、要するに彼の人間的本質を疎外する」(同書：98)。

 第4に、人間からの人間の疎外。「人間が彼の労働の生産物から、彼の生命活動から、彼の類的存在から、疎外されている、ということから生ずる直接の帰結の一つは、人間からの人間の疎外である。人間が自分自身と対立している場合、他の人間が彼と対立しているのである」(同書：98)。

 『経済学・哲学草稿』の執筆当時のマルクスは、疎外された労働が私有財産を生み出すと考え、現実の「疎外された労働」と「私有財産」に対する根本的批判を提出するとともに、その克服を志向した。マルクスが「人間の自己疎外としての私有財産の積極的止揚としての共産主義」を理念として提示するとき、「それは人間と自然とのあいだの、また人間と人間とのあいだの抗争の真実の解決であり、現実的存在と本質との、対象化と自己確認との、自由と必然との、個と類とのあいだの争いの真の解決である」(同書：131)と説明されている。

(3) 物象化への注目

 「疎外された労働」がどのような社会的メカニズムを通して立ち現れるのかという問題に、新しい地平で解答を与えたのが、1845-46年にマルクスとエンゲルスによって共同執筆された『ドイツ・イデオロギー』において提示された物象化論である。「物象化」(独 Versachlichung) とは、「事物のようになること」を意味するが、マ

ルクスの社会把握で重要なのは、人間たちの自由な行為の総体が、事物のようになってしまい、個々の人間にとっては、操作できない、外在的で拘束的な社会法則や社会構造を生み出すに至っているという事態である。

「社会的活動のこうした自己膠着、われわれ自身の生産物がわれわれを制御する一つの物象的な強制力と化すこうした凝固——それはわれわれの統制をはみだし、われわれの期待を裏切り、われわれの目算を無に帰せしめる——、これが、従来の歴史的発展においては主要契機の一つをなしている」（マルクス／エンゲルス 2002：69）。

一人ひとりの個人の活動がその根底には存在するとはいえ、それらの諸個人の活動の集計された総体の生み出す力は、誰も統制することができず、逆に、当の諸個人はそれに従属しているのである。

物象化論においても、疎外論において描かれていた「労働の主体」と「対象としての労働の生産物」の間での主客逆転という事態は、問題意識として引き継がれているが、物象化論の独自性は、物象化を生み出す社会的メカニズムの解明にあたり、自然発生的な「社会的分業」に注目するところにある。

「社会的威力、すなわち幾重にも倍化された生産力——［中略］——は、協働そのものが自由意志的でなく自然発生的であるために、当の諸個人には、彼ら自身の連合した力としてではなく、疎遠な、彼らの外部に自存する強制力として現われる。彼らはこの強制力の来し方行く末を知らず、したがってもはやそれを支配することができず、反対に、今やこの強制力の方が」（同書：69-70）第一次的な主導権を持つようになるのである。

自然発生的な社会的分業から、どのようにして、われわれ自身も一枚かんでいるとはいえ、個々の人間を超越してしまうような疎遠な社会的な力が立ち現れてくるのか。このことの内在的解明に、『ド

イツ・イデオロギー』以降のマルクスの努力は注がれ、『資本論』において、その努力が集大成されるのである。

（４）媒介をめぐる主体性連関の逆転

　では、このような自由な諸個人の中から、それらの当の諸個人を超越するような疎遠な社会的な力が立ち現れ、社会的構造や社会的法則を生みだし、諸個人をそれらに従属させるに至るというのは、どのような論理的メカニズムを通してなのであろうか。この物象化のメカニズムを、マルクスは、「媒介をめぐる主体性連関の逆転」に注目することによって、解明しようとしている。ここではまず、その端緒の論理を提示している『資本論』第一巻の冒頭の第一篇「商品と貨幣」における解明を検討してみよう。

　『資本論』第一巻の冒頭において、マルクスは諸商品の交換関係の中から金が貨幣として特別の役割を占めるようになる過程を、独自の価値形態論によって説明しようとする。ここでは、その論理の細目に立ち入ることはしないが、マルクスによれば、諸商品の交換の累積の中から、諸商品の価値を示すような唯一の商品が析出され、それが、諸商品の流通を媒介するようになる。歴史的には、そのような媒介の役割を果たしたのは、金（場合によっては銀）であり、それが貨幣となった。「価値尺度として機能し、したがってまた身みずから、あるいは代理を通じて、流通手段として機能する商品は、貨幣である。したがって、金（場合によっては銀）は貨幣である」（マルクス 1947:243）。

　無数の商品所有者が、それぞれの目的をもって商品交換関係に入るとき、各主体の意志はバラバラの方向を向いている。そのような主体間の意志がバラバラの方向を向いているような関係を「集列性」の関係と言おう。「集列性」関係の反対は、意志の「共同性」あるいは「整合性」である。貨幣は、集列性関係にある多数の商品所有

者の商品交換を媒介する普遍的な手段である。だが、交換手段である貨幣は、商品としての有用性とは別次元で、独自の価値を持つようになる。そして、普遍的な交換手段である貨幣が、逆に、いわば主体化し、それぞれの商品を価値づける独立した尺度となるのである。貨幣は、その貨幣としての価値ゆえに、それ自体として貴重なものとなり、あたかも神のようにあがめられ、求められるようになる（媒介としての貨幣の物神化）。

　金という商品が媒介としての貨幣として物神化していく過程において注目すべきは、金の有する物品それ自体としての有用性以外に、価値という付加的な属性が「貨幣としての金」には付け加わることである。すなわち、物質としての有用性という「直接的所与性」に加えて、付加的な「以上のあるもの」という属性が加わり、「貨幣としての金」は二重の性格を示すようになる。しかも、社会的には「貨幣としての金」の果たす役割は、付加的な「以上のあるもの」が主導的で優位なものとなり、その性格が自存化して独自の存在性格を持つようになる。「媒介をめぐる主体性連関の逆転」と「付加的な以上のあるものという契機の直接的所与性に対する優位化」（略して、付加的契機の優位化）という事態が、貨幣の出現のメカニズムにおいて見出されるのであり、これこそが「物象化の基本的論理」にほかならない。

　物象化のより高次の段階は、蓄積された貨幣が資本へと転化し、価値の自己増殖を起こすことである。マルクスにおける「資本」とは、単なる生産手段という意味ではなく、独特の意味を持っている。資本は一定の価値であるとともに、労働力を内化することによって、自己増殖の能力を獲得するにいたった価値なのである。

　蓄積された貨幣を資本として使用して、労働力を購入し、生産を組織化する主体が資本家である。資本家による生産は、「労働力の

商品化」を前提にしている。すなわち、自らの労働力を商品として売ろうという労働者たちが存在していること、言い換えれば、資本家と労働者の間で、賃金と労働力が交換されるという事態が広範に存在することを前提にしている。

　ここで、労働力商品と賃金とは、等価交換される。「労働力の価値は、一般の商品と同様に、生産するに要した労働時間、究極するところ労働者の生活に必要な生活手段をつくるのに要した労働時間で規定される」(内田 1966：130)。

　ところが、労働力という商品は他の商品にない独自の性質を持っている。それは、資本家のもとでの労働とは、労働力商品の消費過程であると言えるが、その過程で「労働力の価値」以上の価値を労働は生み出す。それによって生み出される価値が「剰余価値」であり、「剰余価値」を生み出す労働が「剰余労働」である。

　「労働力をつくるに要した労働時間と、労働者が現実に工場のなかで労働する時間とは無関係で、その差から剰余価値が発生する」(同書：130)。

　一定の蓄積された貨幣を資本として出発点において、資本家が生産を組織化した場合、労働力商品を価値通りに買い、生産物を価値通りに売ることによって、資本家の手元には、剰余価値分だけ増大した価値が貨幣の形で環流する。このようにして、剰余価値が元来の資本に合体するかたちで資本に転化し、資本は価値の自己増殖を実現する。そのような形での生産過程において、資本は、諸々の労働力を結合する媒介である。生産過程の本来的担い手は、人間たちである。だが、媒介としての資本が、今や主体化し（これを物神化ということができる）、本来の主体であった人間たちは、労働者として資本の統括する生産過程に従属する。ここには、媒介をめぐる主体性連関の逆転がある。そして、その中で、労働者が生み出した「剰

余価値」は、資本の領有するところとなり、資本の価値は増殖を続けることが可能となる。この「剰余価値」の領有を、マルクスは搾取と呼んでいる。

2．マルクスの今日的意義
（1）マルクス物象化論の存立構造論としての継承

　以上は、『資本論』の第一巻における物象化の解明の論理の一部を、単純化して説明したものである。ここでは『資本論』全体における物象化の論理が、さらにどのように展開されていくのかについては立ち入らない。その点については、真木悠介の労作（真木 1977）が説明を与えているので、同書を参照してほしい。

　むしろ、ここで考察したいのは、『資本論』における物象化論の取り組みが、社会学にとって、どのような示唆を与えるかという点である。

　真木悠介は、上掲書において、マルクスの膨大な著作の本質的部分を手掛かりとしながら、「存立構造論」を構築し、現代社会の解明に役立てようとした。存立構造論とは、物象化論を社会学的に再構成する試みであり、社会学の原理論の構築の一つの試みである。社会学において原理論とは、社会とそれを構成する社会的存在としての人間の基本的存立のあり方を解明することを課題とする。そもそも社会と個人はどのような関係にあるのか、諸個人の集合が社会という独自の存在性格を有するに至るのは、どのようなメカニズムをとおしてなのか。これらの問いは、原理論の扱う問題と言うべきである。他の社会諸科学に対比して、社会学の一つの独自性は、社会学が「社会についての原理論」の形成に、挑戦し続けてきたということである。そして、「原理論」は「中範囲の理論」とは異なる水準に位置しており、「中範囲の理論」の累積という手続きだけでは、

原理論を取り扱うことはできない。中範囲の理論の一つの限界が露呈するのはこの点である（舩橋 2010: 第五章）。原理論の形成の試みは、さまざまに可能であるが、マルクスの物象化論の際だった特徴は、主体性連関の逆転を焦点にしていることである。

　この意味で、マルクスの諸労作は、現代社会学にとって示唆的である。この点での最良の継承は、真木悠介によってなされたと言えよう（真木 1977）。この文脈で見れば、『資本論』の鍵概念の「価値」の意義を再評価できる。今日、経験科学としての主流派の経済学（近代経済学）からは、マルクスの「価値」概念、とりわけ労働価値説が、科学的概念としては、有効性を欠いているという批判的評価が一般的になされている。それに対比して、経験科学としての経済学においては、経済システムの法則性を把握し、経済政策を論ずるにあたって、「価格」概念が主役を務めている。

　しかし、『資本論』は、経済システムに見られる法則性の解明とともに、法則性の成立の前提である物象化の機制の解明という二重の主題を扱っているのであり、後者の物象化論という文脈においてこそ、マルクス独特の「価値」概念が必要とされたのである。

　『資本論』の副題は、周知のように「経済学批判」となっている。この言葉は、アダム・スミスやリカドに代表される国民経済学の諸説をマルクスが批判していることを意味しているが、それが、どのような意味の批判であるのかを考えなければならない。それは、法則性の解明のみを課題とする国民経済学に対して、物象化論（あるいは存立構造論）の欠落を批判していると言うことができよう。

（2）組織や社会の両義性の基礎付け

　第5章の組織社会学の検討に際して、「経営システムと支配システムの両義性」「主体と構造の両義性」という論点を提示した。この二重の意味の両義性も、実は、「組織の存立構造論」に基礎づけ

られている（舩橋 2010）。物象化論は、それ自体としては、原理論の水準の議論なので、非常に抽象的な概念枠組の提示にとどまり、具体的な社会問題の解明において、いきなりそれを適用しようとすると、リアリティとの距離が生じがちである。だが、物象化論の社会学的展開としての存立構造論は、組織領域で展開することにより、その到達点として「経営システム論と支配システム論」を生み出すことができ、この「経営システムと支配システムの両義性」の把握は、具体的なさまざまな社会問題の解明において、リアリティに密着した検討を可能にするのである。

　特に、意志決定権と財の分配構造の不平等性あるいは格差を敏感に把握する「支配システム論」は、社会問題の解明にあたって、不可欠である。この支配システムという視点からの現実把握について、マルクスの諸著作は、示唆的な論点を多数提供してくれる。

　マルクスは、19世紀ヨーロッパ社会に生きながら、そこに見いだされる貧困と人間的悲惨、富の蓄積と貧富の格差を生み出すメカニズムを批判的に解明しようとした。今日でも支配システムの一契機としての「閉鎖的受益圏の階層構造」をめぐって、被格差・被排除・被支配問題が、さまざまな形で発生しているのであり、それらの解明と解決の試みに、マルクスの論議は、さまざまな示唆を与えてくれる。みずから先鋭な被格差・被排除・被支配問題を経験した人、あるいは、そのような運命を被る人々に対する共感が問題意識の中枢にある人は、マルクスの著作の中に心ひかれる章句や洞察をさまざまに見いだすであろう。

　マルクスは、富の蓄積をめぐる経済的格差の根拠を批判的に解明しようとしたが、それに関係づけつつ、政治権力や支配的イデオロギーといった対象についても、批判的視点を提供している。それゆえ、その著作は、批判的精神と社会学的想像力の宝庫であるとも言

える。

　マルクスはヴェーバーと並んで包括的な理論体系を構築してきたが、その根底にあるのは、現実との直面であり格闘であった。マルクスもヴェーバーも理論的考察の前提には膨大な実証的知見の集積がある。実証研究があってこそ、理論的考察は現実に即したものとなる。そこで、次章では、実証的研究の方法としての社会調査について考えてみることにしよう。

■討議・自習のための課題

1. マルクスのさまざまな主張のうち、どういう点は思想家としての主張で、どういう点は社会科学者の主張であるのかを考えてみよう。

2. マルクスの著作のどういう点が、現代社会の把握に対して、特に示唆的と考えられるだろうか。

【文献】
内田義彦，1966，『資本論の世界』岩波書店．
舩橋晴俊，2010，『組織の存立構造論と両義性論―社会学理論の重層的探究』東信堂．
真木悠介，1977，『現代社会の存立構造』筑摩書房．
マルクス，K.（向坂逸郎訳），1947，『資本論（第1分冊）』岩波書店．
マルクス，K.（城塚登・田中吉六訳），1964，『経済学・哲学草稿』岩波文庫．
マルクス，K.（日高晋訳），1957，「ヘーゲル法哲学批判」『マルクス・エンゲルス選集第1巻』新潮社：31-47．
マルクス，K. ／F. エンゲルス（廣松渉編訳，小林昌人補訳），2002，『ドイツ・イデオロギー』岩波書店

第10章 どのように社会調査をおこなったらよいか

　これまでの各章においては、社会学の理論的研究と実証的研究との両方にまたがりながら、各領域について説明してきた。ここで、実証的研究の核心をなす社会調査について、基本的な論点をまとめて考えてみよう。それは、第1に、社会学において、社会調査はなぜ重要か、第2に、どのようにしたら、社会調査を通して研究を深めることができるか、第3に、良い社会調査を実施するためには、どういう努力と配慮が必要か、という諸論点である。

1．社会学において、社会調査はなぜ重要か

　実証的研究の中でも、現在生きている人びとの生活世界や職業世界や地域社会を訪れ、社会生活の実状や社会問題の実態を、現場における直接的な情報収集を通して把握しようということが社会調査の課題である。社会学の研究をするにあたって、社会調査はなぜ必要なのかということをよく考えておかねばならない。この問いを①知見の豊富化、②問題発見、③理論形成、④人生観、人間観の深化、という四つの局面から考えてみよう。

①知見の豊富化

　社会調査が必要なもっとも基本的な理由は、調査を通して得られる情報が、知見の豊富化をもたらし、無知の縮小を可能にすることである。私たちは、自分の生きている場所以外の地域や組織や業界については、通常わずかな知識しか持っていない。文献やマスメデ

ィアでそれを補おうとしても、「無知」な部分が膨大に存在するのであって、無知を縮小するためには、調査を通して得られる知見は不可欠なのである。無知を縮小するという過程には、単なる知識不足の解消ということだけでなく、調査以前の断片的知識と結びついている既存のイメージの是正ということも含まれる。調査をしてみると、自分がそれまで抱いていたイメージが、「思いこみ」や「誤解」に満ちたものであったことを、しばしば経験するであろう。社会調査は、そのような「知見の豊富化」や「イメージの是正」によって、「世界の見え方が変わる」ということをもたらすのである。

②**問題発見**

社会調査が研究を進展させる第2の契機は、問題発見である。元来、研究は問題を解明するために取り組まれる。だが、我々は、「何が大切な問題であるのか」をどうやって知るのだろうか。研究の出発点において明確に問題が定義され、その解明のために整然とした手続きで研究を進展させるという過程は、実際には、相対的に「単純な問題」について、研究経験が豊富な者が取り組む際にのみ、可能になるのである。複雑な現実や未知の現象に直面している場合には、何が大切な問題であるのかということを探索すること自体が、研究過程の本質的契機となる。そのような場合には、調査の出発点においては、問題設定が厳密、詳細に可能なわけではない。社会調査を通して、一定の知見の積み上げがあって、初めて、的確な問題設定ができるようになるのである。例えば、1980年ごろ私が参加していた新幹線公害問題の調査チームは、「社会的合意形成はいかにして可能になるのか」という抽象的な問題設定から出発した。そして現地調査を繰り返すことによって、数年後に「この公害問題はどういう社会的要因連関によって生み出されてきたのか」「長期に渡る未解決状態は、どういう組織過程、政治過程に由来するのか」

「『公共性』概念はなぜ合意形成能力を喪失したのか」というような具体的な問題設定が可能になったのである。

③理論形成

社会調査はさらに、問題発見だけではなく、問題を解明するための理論的着想を触発し、理論形成を促進する。第7章での「T字型の研究戦略」や「中範囲の理論」についての説明において記したように、「実証を通しての理論形成」は、創造的な理論形成を可能にする方法なのである。すでに、本書では、ミルズ、マートン、デュルケーム、ヴェーバーといった傑出した社会学者を検討してきたが、これらの人々においては、いずれも、社会調査が理論形成の基盤になっているのである。

④人生観、人間観の深化

以上に加えて、社会調査は、研究に従事する者の人生観、人間観にも影響を与える。調査を通して、私たちは、さまざまな人生のあり方に触れるし、「地上の星」とも言うべき優れた人格に出会うこともしばしばである。そのような接触は、社会学的研究のあるべき姿についての反省を迫るものであると同時に、さらに、私たちの人生観、人間観にも多大な示唆を与え、それらを深めるように作用する。私自身の経験に即して例示しておこう。

例えば、1988年の留学中、フランスにおける新幹線公害対策の調査では、緑地遊歩道を実現し、公害を未然に防いだ人びとに聞き取りができた。それは、単なる知見の拡大をこえて、地球全体の環境問題を真剣に憂慮しているその人々の生き方の姿勢が、私に開眼をもたらした。その人たちとの出会いは、環境社会学を中心的課題として選び取るように、決定的に私を促すようなものであった。また例えば、北海道えりも岬における調査（2001年）では、破壊された森林を復元するために、数十年にわたって努力を続けた人たち

を知ることができた。地元の漁師たちが地域に即した独自の工夫を重ね、強風地域での砂漠の緑化という前人未到の偉業を達成したのである。その努力の結実は、ここに最良の日本人がいるという感慨を抱かせるようなものであった（相神 1993）。

このように、調査を通して、さまざまな魅力的な人々との出会いや対話の機会を得ることは、調査する側の人生観に深い教示を与えてくれるのである。

以上のようなさまざまな意味において、社会調査は社会学の研究を深める必須の柱である。一度そのことを洞察し、社会調査の重要さを経験した者は、継続的に、また繰り返し、調査に取り組もうとするであろう。そこで、次に問うべきは、社会調査を通して研究を深めるためにはどうしたらよいかである。

2．どのようにしたら、社会調査を通して、研究を深めることができるか

（1）問題関心と調査のタイプ

社会調査を企画するに際してまず心得ておくべきは、社会学における調査の大きな区分として、フィールドワーク型の調査と、計量的な調査（サーベイ型の調査）という二つのタイプが存在することである。実際の調査にあたっては、この両者がさまざまな程度において組み合わされる。どちらのタイプに力点を置くかということは、基本的には、問題関心に規定される。どのような問題関心に立脚しているかによって、どのような方法の選択が適合的かは決まってくる。筆者自身が主要に取り組んできたのは、フィールドワーク型の調査なので、ここでは、フィールドワーク型の調査の進め方について説明する。計量的調査については、よい参考文献がいくつも公刊

されているので（原・海野 1984、盛山 2004）、それらを参照してほしい。

（2）調査の準備には、何が必要か

調査を開始するに際して、まず選択しなければならないのは、どういう調査対象を選び、どういう問題に取り組もうとするかということである。ここで、もっとも大切なのは、自分自身の問題関心である。問題関心によって、どういう調査対象への接触が有意味であるのかが決まってくるからである。ただし、どのように具体的な調査対象を選び取るのかについては、さらに、より細かな判断基準が必要である。論理的に整理するのであれば、調査対象の選択に際しては、社会的重要性、学問的重要性、情報収集の可能性、研究主体としての蓄積性と展開性という四つの要因が大切である。

まず、社会的重要性とは、その対象の有する社会的意義や影響が重要であることである。例えば、各種の公害問題や地球環境問題や震災問題などは、社会的重要性が明確である。次に、学問的重要性とは、その対象の研究によってもたらされる知見が学問的に見て貴重であることである。社会的に重要なのに誰も研究していない社会問題は、同時に学問的重要性も有する。情報収集の可能性とは、ある調査対象についての情報を、自分（たち）の持っている資源や能力などの条件のもとで、首尾よく収集可能かどうかということである。そこには、現地までの物理的距離や必要な経費や、面談可能性や、言語上の条件などの諸要因が介在する。

研究主体としての蓄積性と展開性とは、より長期の時間的展望で大切な判断基準である。蓄積性とは、類似の問題を複数の対象に即して調べることである。例えば、家庭系廃棄物問題を一つの自治体だけではなく、複数の自治体に即して調査すれば、知見の蓄積性が得られる。展開性とは、それまでの蓄積を生かしながら、隣接する

領域での調査研究を行うことである。例えば、家庭系廃棄物問題の知見の蓄積を生かしながら、それとの共通性と異質性のある産業廃棄物問題へと調査対象を拡げていくことである。

　以上の四つの要因は調査対象の選択に際して考慮するべきであるが、実際には、その問題の当事者に対する偶然的出会いというような「機縁」も、大きな作用を果たす。「縁あって」調査に踏み込むということも、しばしばあることなのであり、そのような機縁を大切にすることを奨めたい。

（3）調査を開始するには、何が必要か

　以上のように有力な調査対象が明確になった場合でも、ただちに調査が開始できるわけではない。社会調査は現場の人たちとの相互作用に入るわけだから、適切な人間関係を維持するためには、細心の注意が必要であるし、時に葛藤や緊張に満ちた人間関係の中に身を置くことになる。そのような事情は、調査の開始をためらわせる要因になりうる。好奇心は調査を推進する要因ではあるが、好奇心だけでは乗り越えられない壁というものもある。

　調査を開始するに際して必要なのは、その調査を実施することに対する有意味さの確信である。その際、有意味さの含意が、単に自分に対してのみならず、社会的な有意味さを備えていることが望ましい。特に、当事者にとっての有意味さが明確であることは当事者の協力の根拠になるから、調査を支えるものとなる。

　有意味さについての確信とは、言い換えれば、当事者から「何のために調査に来たのですか」と質問された場合に、「こういう理由です」と明確に答えることが可能だということである。しかも、その答えには研究主体としての独立性、自律性が備わっているべきである。多くの社会問題においては、利害と価値観が異なる複数の当

事者が相互作用しており、ときに対立している。そのような場合に、個別の当事者にそのつど迎合するような説明をし、複数の説明を使い分けるということは好ましくない。同一の説明で、異なる立場の人びとに納得してもらうことが必要である。

（4）聞き取りの準備と実施

フィールドワーク型の社会調査において、柱になるのは聞き取り（ヒアリング）である。聞き取りの実施に際しては、①準備、②実施、③実施後という三段階に即して配慮するべきことがある。

①準備段階

調査の準備に際しては、この研究主題のためには、どういう人に会って聞き取りをするべきかということを、まず明確にする必要がある。そのためには、出発点において、新聞や雑誌や先行研究に現れている手掛かり情報を生かしたり、常識を生かした推測を行ったりして、現場への最初の接触を開始する。そして、次のステップでは、初期の調査によって得られた手掛かり情報を生かして、次の聞き取りの候補者を選んでいくとよい。

聞き取りの成功の第1の鍵は、「背景知識の豊富さ」と「態度の誠実さ」である。それゆえ、聞き取りの準備の段階では、新聞やインターネットや既存の刊行物などで、入手できる情報は可能な限り入手し、背景知識を豊富化していくべきである。第2に、大切なのは、質問事項の準備である。その場合、入手可能な資料や、インターネットでわかることを質問する意味はあまりない。それらの情報源では、わからないことをもう一歩つっこんで知るところに、聞き取りの意義がある。そして、質問の内容は、相手の知識や関心に適合しているものであるべきである。相手の知識がカバーしていないことを質問しても空振りに終わる。他ならぬその人でこそ話が聞けること、その人が熱意をもって、あるいは、誇りをもって話して

くれることを聞くようにする。
②**聞き取りの実施**

　見知らぬ人に初めての聞き取りを依頼する場合は、依頼状を送った上で電話をかけて、相手の都合を聞くという手順をとるのがよい。約束の場所に絶対に遅刻をしないように行く。聞き取りの記録はメモをとることが基本である。可能であれば録音させてもらう。何時までは時間があるかということを確認した上で、用意してきた質問事項の全体を時間内でカバーするように努める。通常のまとまった話を聞くためには、少なくとも1時間はほしい。90分あれば相当の話を聞くことができるし、2時間以上の時間がとれれば、たっぷり話を聞けたという感じになる。

　聞き手が用意していった順序どおりには話が進まないこともしばしばあるが、その場合は話の流れを大切にし、済んだ項目をチェックしながら聞き、最後に済んでいない項目を確かめる。質問は簡潔にし、自分が説明しすぎて時間を失わないようにする。ただし、一般に調査の経験が少ない者の場合、質問が大づかみすぎる傾向があるので、きめ細かく質問するようにした方がよい。

　聞き取りは、当事者から見た状況認識や価値判断を教えてもらう機会であるので、相手と論争することは避けるべきである。相手の意見が、自分からみて、どのようにおかしなものに見えたとしても、「なるほど、なるほど」という態度を変えないのがよい。相手に対して、異なる見解を提示してそれへの反応を知りたい時は、自分の意見でなくて、第三者の意見のようにして出す。つまり、「あなたとは異なり、こういう意見もあるようですが、これについてはどう思われますか」という問いかけをする。

　聞き取りの終了に際しては、丁重にお礼を言うべきである。
③**聞き取りの後にするべきこと**

聞き取りの終了直後に、聞いた話の内容について特に印象に残ったことや、自分の感想をメモするようにする。特に明記すべきは、聞き取りを通して得られた発見である。聞き取り終了直後というのは、きわめて特権的な時間であり、このタイミングを逃すと、価値ある発見が永遠に見失われる。自分の発見とコメントは、どんなに遅くともその日のうちに、必ずメモするようにする。

　つぎに、聞き取りの相手に、時を失せず礼状を出す。礼状はハガキでよいが、話をしてくれた人だけでなく、資料のコピー・貸与などで世話になった人に対しても必ず出す。その際、話の内容に対する批評は書く必要はない。相手の協力と好意に謝意を表し、また別の機会があれば教えて下さいという態度を示すのがよい。

　そして、聞き取りの内容は、メモや録音のままにとどめず、きちんと論点要旨を書き起こすべきである。聞き取りの起こしは、通常は（「会話分析」というような専門的方法を使わない場合は）、後にそれを見たとき論旨がわかるように再現できていればよい。もちろん固有名詞や数字は正確に再現する。そのためには、メモを手掛かりに聞き取りの起こしを作成し、その後に録音データがある場合は、点検・補正のために録音を使うというやり方がよい。

3. 良い社会調査を実施するためには、どういう努力と配慮が必要か
（1）良い調査を実施するためには

　調査が成功するためには、あるいは、良い調査を実行するためには、どういう配慮や努力が必要であろうか。ここで、調査の成功とは、調査対象となった現場の人びととの良好な人間関係を保ちながら、豊富な情報収集ができることである。

　第1に、必要なことは、関心を集中し、細心の配慮をしながら、ていねいに十分な労力を投入することである。このことは調査に限

らず、およそ仕事あるいは研究一般に必要なことである。

　第２に、無駄を恐れないことである。調査という作業は、どうしても試行錯誤という側面を伴う。そのつど、もっとも有意義な情報収集をしようとしていても、後から振り返れば、無駄な努力であったと思われることがある。しかし、一見すると無駄であるように見えることが、実は糧になっているのであり、視野の拡大や大切な情報の明確化に役立っているのである。「無駄がなければ厚みが出ない」とも言える。

　第３に、失敗から学ぶことである。調査においては、まさかと思う失敗が起こってくる。例えば、聞き取りの約束に遅刻してはいけないと思っていたのに遅刻してしまう。その理由は、電車の事故による遅延であったり、約束した場所の近くまで来ているのにその場所が見つからなかったり、一日に二つの聞き取りを予定していたところ最初の聞き取りの会話が盛り上がり予定時間をオーバーしたりするということであったりする。これらの失敗を繰り返さないような工夫が必要である。

（２）調査を支えるエートス

　良い調査を実行するための条件をもう一歩踏み込んで考えると、調査を支える「エートス」（ethos）の問題が浮上する。エートスとは「倫理」（ethics）という言葉に語源的につながっているが、倫理そのものではなく、なんらかの倫理に支えられた生活態度あるいは行為様式のことである。

　筆者の勤務校の校歌の一節に、「進取の気象、質実の風」という言葉がある。これこそ、社会調査のエートスと言うべきであろう。社会調査には、他の人が取り組んでいない現場に率先して入り込んでいくという開拓者的な姿勢が必要であり、また地道な忍耐強い努力が必要である。このエートスという点で、イギリスのウエッブ夫

妻が「社会研究者の精神的資質」について説いていることは、豊富な教示に満ちている（ウエッブ・ウエッブ 1982）。

（3）開かれた感受性

さらに、社会調査に必要なエートスとして、虚心坦懐に多様な立場の人びとの意見を聞くという姿勢をあげておこう。フィールドワーク型の調査にあたっては、自分の抱いている解釈図式をいったん脇に置き、異質なものに開かれた感受性を持たなければならない。この開かれた感受性が欠如すると、聞き取りを通して、せっかく貴重な情報が提示されているのに、その意味をとらえ損なう。社会調査が創造的であるかどうかを究極的に規定するのは、聞かれた感受性の有無であるように思われる。開かれた感受性が欠如している場合、物的な研究手段がいくらたくさん存在しても、その欠落を埋め合わすことはできないのである。森有正の言葉を使えば、「体験」としてではなく、「経験の深化」となるような社会調査こそ発見をもたらし、実り多いものとなるであろう（この点については、蘭由岐子　2004：386-388を参照）。

（4）調査の醍醐味

以上見てきたように、良い社会調査を実施することは、それなりの苦労や努力を伴うものであるが、同時に、社会調査の成功は、そのような苦労を吹き飛ばすような充実感や手応えを提供してくれる。悪い調査は、当事者から迷惑に思われるけれども、良い調査は、当事者からも支持され、感謝される。一つの社会調査を通して、当事者との肯定的、友好的な関係が築かれ、有意義な知見を獲得することができ、さらに創造的な理論形成が実現することもある。そのような時、調査の経験は、研究の醍醐味とも言えるものとなり、「良質な社会調査無しには社会学研究の発展はありえない」ということを確信することができるのである。

■討議・自習のための課題

1. なんらかの「現場」に出かけ、社会調査に取り組もうという状況を想定してみよう。その時、現場の人から、「何のために調査に来たのですか」と問われたら、あなたは何と答えるだろうか。それによって、調査は円滑に進めることが可能になるだろうか。

2. 「調査の失敗」の例として、どのようなものがあるだろうか。そのような失敗は、どうすれば避けられるだろうか。

【文献】
相神達夫,1993,『森から来た魚―襟裳岬に緑が戻った』北海道新聞社.
蘭由岐子,2004,『「病の経験」を聞き取る―ハンセン病者のライフヒストリー』皓星社.
ウエッブ,S., B. ウエッブ,(川喜多喬訳),1982,『社会調査の方法』東京大学出版会.
盛山和夫,2004,『社会調査法入門』有斐閣.
原 純輔・海野道郎,1984,『社会調査演習』東京大学出版会.

第11章 卒業論文と大学院進学

　日本の大学では、社会学部や社会学科やそれに類する学部・学科において学んだ場合、通常は、四年次に「卒業論文」(略して、卒論)を執筆することが大きな課題となる。社会学を学ぶに際し、その到達点として、卒論を執筆することを強く推奨したい。卒論を通して、研究の醍醐味に目覚めた人は、さらに大学院進学を真剣に考えるかもしれない。そこで本章では、卒論執筆までにどのような積み上げが必要か(第1節)、とくに調査を通しての論文執筆に際しては、どのようなデータ整理の諸段階を経由することが必要か(第2節)、良い卒論を書くためにはどういうことが大切か(第3節)、大学院進学を志望する場合、どういうことを考えておくべきか(第4節)といった諸点について検討してみよう。

1. 卒業論文に至る積み上げの道

　人文・社会科学系の諸学部・諸学科の多くでは、卒論を執筆する機会が、大学4年間の集大成として設定されているが、卒論の長さという点で、社会学では、「長い卒論」を推奨する気風があるように思われる。私の尊敬するある地域社会学者は、卒論として、400字×200枚以上をゼミ生に必須として課していた。そこには、分厚い記述が、社会学的認識にとって、本質的に大切であるという判断があるのであろう。私は、1年間をかけて準備する卒論の長さとしては、最低で400字×100枚、上限を400字×150枚ほど

とすることを推奨している。それだけの長さの卒論が、充実した内容となるためには、1年次からの積み上げと一定の方法の駆使が必要である。

　1年次に推奨したいのは、現代社会とその社会問題についての具体的現実を記している新書レベルの本の多読と、代表的な社会科学者や学説についての解説書の多読である。例えば、地域おこし、まちづくり、福祉問題、高齢化、途上国援助、NPO、住民投票、外国人労働者、ジェンダーと不平等、先進国の貧困、地球環境問題、再生可能エネルギー、温暖化問題、廃棄物問題、森林伐採と砂漠化、原発震災、メディア、情報化などを主題にした新書レベルの著作は、それぞれに、現代社会についての有益な知見を与えてくれる。また、ヴェーバー（青山 1951）や、マルクス（内田 1966）といった古典的大家についての解説書も、その後の探究の方向を選ぶのにヒントになるであろう。

　そのような多読に際して、留意するべきことは、簡単でもいいから読書ノートを作成することである。読書ノートについては、第1章で説明した通りであるが、その作成のし方には、決まった方式があるわけではない。自由に自分に適した方式を工夫すればよい。時間の制約が厳しい場合、内容要約を簡素にした上で、自分の感想や批評を中心にした読書ノートを作成するのでもよい。

　2年次に推奨したいのは、一方で多読を続けながらも、他方で、社会学の各分野の専門的な基礎文献や古典的著作を積極的に読むことである。ここで、社会学の各分野の基礎文献として、まず注目すべきは、現代日本の社会学者によって編集されたシリーズや講座である。例えば、1998年から刊行が始まった『講座社会学』（北川隆

吉他監修 1998、全 16 巻、東京大学出版会）は、現代の日本社会学の到達水準を示すものとなっており、各巻の内容から、各分野でどういう研究者や文献に注目すればよいかがわかる。個別の分野で例をあげれば、全 5 巻の『講座　環境社会学』（飯島他編 2001）は、日本の環境社会学の到達点を体系的に提示するものになっている。これらの講座や他のシリーズものは専門論文の集積であり、社会学的思考法を身につけるのに有益である。

同時に大切なことは、古典的著作そのものの読破に時間をかけて取り組んでいくことである。本書では、これまでの各章で、ミルズ、マートン、ヴェーバー、マルクスなどに言及してきた。これらの人々はもとより、19 世紀末から 20 世紀初頭にかけては、デュルケーム、テンニース、ジンメル、両大戦間期におけるマンハイム、オルテガ、シュッツ、ミード、第二次大戦後においては、アドルノ、パーソンズ、フロム、リースマン、グールドナー、エリクソン、ベル、スメルサー、トゥレーヌ、クロジエ、ゴフマン、ギデンズ、ハーバーマス、ブルデュー、フーコーなどの著作はそれぞれに読んでみる意義がある。関連する哲学の分野では、ポッパー、クーン、ロールズなどが、社会学にとっても示唆深い。社会学の分野で、どのような古典的著作があるのかについての手がかり情報としては、『社会学文献事典』（見田宗介他編 1998）が非常に豊富な情報を、各文献の内容紹介というかたちで、提供している。

そして、遅くとも、2 年次の末には、自分の関心のあるテーマを選んで、論文を執筆するとよい。2 年次にゼミナール（演習）が開講されている場合は、そこでの「ゼミ論文」執筆の機会を利用するのが適切である。

3 年次に推奨したいのは、何らかの社会調査に取り組むことであ

る。社会学についての一定の蓄積の上で、調査に臨むことが大切で、それによって、実証と理論との相互往復が可能になる。社会学の古典の読破は、新しい世界を開いてくれる。だが、調査は、それとは異なった形で、別の新しい世界を開いてくれるのである。

　ちょうど、水泳やスキーを学ぶ際には、教則本を読んだだけでは身につけることはできず、実際に水の中に飛び込み、雪原にでることが必要なように、社会調査を学ぶには、社会調査についての本を読むだけでは不足で、調査を実際に実施し経験する必要がある。調査企画の立案と実施が、自力でできるようになることを、社会学的研究能力の形成の一つの目標とすべきである。

２．調査に立脚した論文執筆

　社会調査の経験を積むのに、もっとも望ましいのは、教員の指導のもとに、その助言を受けながら、グループで取り組むことである。社会調査は多大な労力を要するものであるし、聞き取り一つとってみても一人で行うより、複数の者が協力した方が、失敗を避けやすい。社会調査全体について理解するべきことは、第10章で説明したので、ここでは、調査の実施から、報告書執筆に至る過程で必要となるデータ整理の手法について考えてみよう。

　社会調査を実施した場合、調査を通して得られた資料・情報に基づいて論文を執筆するべきである。チームで調査を実施した場合には、論文を集めて編集し「報告書」を作成することが望ましい。調査から論文執筆へという過程は、主題と方法によって、適切な方法が異なってくる。ここでは、フィールドワーク型の方法で研究するという場合を想定して、データ整理の手法を説明する。

①速報レポートの作成。フィールドワーク型調査を実施した場合、
　直後の数日以内に、調査を通して、感じたこと、発見したことに

ついての速報レポートを作成する。調査中に書きためた「発見・発想ノート」がその基礎となる。
②ヒアリングおこしの作成とヒアリング分析レポートの作成。個々のヒアリングの内容をデータとして定着し、ヒアリングから何を発見できるのかを分析する。
③収集資料分析レポートの作成。収集した資料を読み込み、重要な情報の明確化と資料から何を発見できるかについて考察する。
④年表の作成。まず、調査の準備段階で入手可能な情報を利用して、第1版を作成しておく。そして、調査を通してえられた資料（行政関連資料、住民団体の資料など）を利用して、改定版を作成するとよい。年表の作成には、表計算ソフト（Excel など）を利用すると、ソート機能が利用でき情報の追加がスムーズである。
⑤主体連関図の作成。年表を通して得られるデータを利用して、それらの主体の相互関係を図示する。主体連関図の表現技法は、先行の事例を参照しながら自分で工夫することが必要である。
⑥KJ 法による要因連関分析。KJ 法は質的データを体系化する手法として、さまざまな文脈で有用である。KJ 法の具体的やりかたについては、良い解説書が刊行されているので、それを使用する（川喜田二郎 1967）。KJ 法の出発点であるラベル作成の素材としては、あらゆるタイプの情報が使用可能である。
⑦論文準備レポートの作成。入手したデータの内容が一定程度把握されたことを前提にして、自分の問題関心を再定位し、その問題を分析し、論文準備レポートを作成する。そのレポートはゼミのような集団での議論ができる場で発表し、相互に意見を述べあい、論点の補強や知識の豊富化をはかる。
⑦論文草稿の執筆とその批評。準備レポートに基づいて論文草稿を執筆し、それに対して自分でも再吟味するとともに、他の人（教

員でも学生でもよい）から批評してもらうとよい。最終的に複数の論文を集めた「報告書」を作成する場合は、遅くともこの段階で、全体の目次を作成しておくことが必要である。
⑧完成原稿の作成。草稿を再編、加筆修正する形で、完成論文を作成する。

　実際には研究主題に応じて、以上の諸段階の全てではなく、選択的に作業を進めるのでもよい。ただし全ての段階を通過することによって、「実証にもとづいた論文執筆」は確実に可能になる。さらにより高度な課題としての「実証にもとづいた理論形成」の第一歩として、「新しい理論概念」を設定する可能性も開ける。良質な社会調査を通して発見した新しい事態を、新しい理論的言葉で表現することは、学部生でも成し遂げうる課題である。

3．良い卒業論文を書くには
　以上のような形での積み上げがあれば、蓄積された知識と方法を総合的に駆使して、4年次に卒業論文に取り組むことができる。では、よい卒論を書くためには、どういうことが大切であろうか。
（1）テーマ設定の大切さ
　まず大切なのは、テーマ設定である。一般的にいえば、設定されたテーマが「学問的重要性」や「社会的重要性」を有することは、優れた論文の評価基準である。だが、ここでまず大切なのは、テーマ設定の「自分にとっての重要性」ということである。卒論には、多大な時間をかけて取り組むのであるから、自分にとって、時間のかけがいがあるテーマを選ぶべきである。「自分にとっての重要性」ということの含意は、人によって差があるであろう。自分が好きであることが、「自分にとっての重要性」だという場合もある。それ

とは異なるニュアンスで、自分の人生観的な問題探究と絡み合ったテーマ設定もある。その場合、「自分にとっての重要性」とは「自分にとっての切実性」のことであり、研究は同時に自分の生き方の探究になりうる。

社会学の場合、「自分にとっての重要性」は、実は「時代にとっての重要性」と絡まり合ってくる。ゼミ生各人が真剣に「自分にとっての重要性」を考え卒論のテーマを設定した場合、その集積としてのゼミ集団としてのテーマ設定を見ると、期せずしてその時代の学問的重要性や社会的重要性が浮き彫りになっているものである。

（2）全体の構想を立てながら知見と考察を集積する

設定されたテーマを軸として、目次の構想を早い段階から立てるべきである。その意味はテーマとして設定されている「大きな問題」を、より「小さな問題群」に分節化し、さらに、それらの小さな問題群を体系化して、論文の目次案（アウトライン）を形成することである。目次案は途中で何回も組み替えるのが普通であるが、その作成によって、どのような知見を集め、どのような本を読み、どのような調査をするべきかの方向づけが与えられる。

論文の準備の基本は、関連文献を読み、読書ノートを蓄積していくことである。その際、自分にとっての「鍵となる文献」（key book）が何であるのかを発見し、それについては、他とは異なる詳細な読書ノートを作成することが大切である。一つの卒業論文に、数十点の参考文献が記されていることは珍しくないが、実はその中で、その論文を、柱として本当に支えている重要文献は、せいぜい1点から3点程度なのである。

他方で、設定されたテーマの上で必要であれば、社会調査を実施する。3年次までに社会調査を経験しているのであれば、卒論執筆のためにそこで修得した方法を駆使できる。例えば、問題の当事者

に会って数件でもヒアリングをすることができれば、文献だけでは得られない重みのある情報と論点とリアリティ感覚を得ることができるであろう。調査を通して作成される「発見・発想ノート」こそ、key book と並んで卒論を支える柱となる。

(3) 破壊してはまた建設する

このようにして、文献と調査から得られる知見を、自分の思考で再構成して、個々の論点についての準備レポートを作成していく。

その上で、全体構想についての中間報告を行い、コメントをもらうとよい。論文の構想に対してコメントをすることは、教員の果たすべき最も本質的な課題だと、私は考えている。同時に、学生どうしのコメントもきわめて有益である。私が推奨したい方法は、学生集団として卒論準備研究発表会を組織化し、各人が卒論準備レポートを順番に発表するとともに、それを聞いている他の参加者が、コメントをするというやり方である。

例えば、2、3、4 年次にそれぞれ 10 名前後が参加するゼミを一人の教員が担当して開講している場合、年度途中の 7 月末ぐらいに、3 学年の全員が参加するかたちで、丸一日の集中的な「卒論準備研究発表会」を開催する。4 年生一人ずつに、30 分の時間を割り当て、発表と質疑で 25 分、コメント記入に 5 分間をあてる。全参加者が全発表者にコメントを作成するので、4 年生は一気に約 30 人からの意見や質問をもらうことができる。これだけのコメントや質問は、論文の洗練にとって、きわめて有益である。

コメントを受け止めつつ構想を練り直し、その上で執筆にとりかかる。良い卒論を書くコツは、1 回の書き下ろしで完成稿とするのではなく、書き直しを繰り返すことである。例えば、最終提出期限の 2 ヵ月前を仮想的な第 1 次締め切りとして、いったん書き上げてみる。それに対して、自分でも再検討するとともに、教員などか

らもコメントをしてもらうとよい。そして、全体を練り直し、第2次原稿の執筆に取り組む。そこで必要とされるのは、卒論の草稿を「破壊してはまた建設する」という努力である。いったんできあがった（と思われる）原稿を自分で批判して、書き直しをしていくという手続きこそ、良い卒論を創り出すもっとも堅実な方法である。そこに必要なのは、自分の頭で徹底的に考え、背伸びをしない「自分の言葉」で語るという態度である。

4．大学院進学志望者への助言

　社会調査の報告論文や卒業論文の執筆は、「社会学する」ことの充実感と面白さを経験しうる過程である。そして、社会学の面白さに目覚めた者が、大学院進学を選択肢として考えるようになるのも珍しいことではない。そこで、そのような人たちには、どういうことを考えてほしいかを記しておこう。私のみるところ、大学院志願者が最低限満たさなければならない3つの条件がある。それは、①学問への熱意、②研究テーマ、③ディシプリンである。それぞれについて、どういうことを検討しておくべきだろうか。

（1）学問への熱意

　大学院への進学を考えている学部生は、少なくとも「学問のおもしろさ」に目覚めた人たちである。学問の宝庫を発見し、学部4年間という時間だけでは、とうていその一部にしか触れられないことに気づく。そこで、大学院進学を自分の問題として考え始める。

　だが、熱意や関心の強さが問題である。象徴的に言えば、「三度の飯より学問が好きか」を問う必要がある。この点で、どんな分野でもプロと言われる人たちの修行時代の努力の姿勢は参考になる。

　例えば、将棋や囲碁やなんらかのスポーツにおいて、プロの世界で大成した人たちの若い時代の回顧録を見ると、皆、寝ても覚めて

も自分を向上させるために努力している。専門の研究者として自己形成するためには、本質的に同質の努力が必要である。「好きこそものの上手なれ」という言葉がある。大学院で研究に取り組むためには、研究が本当に好きで、自発的に取り組むことが可能でなければならない。それゆえ、「三度の飯より学問が好きか」をまず問うべきである。

(2) 研究テーマ

　大学院は研究する場所であり、論文執筆の有するウエイトが学部に比べて遙かに重い。修士論文と博士論文の執筆が、各院生にとっての主要目標となるが、論文の執筆ができるかどうかは、研究テーマの設定にかかっている。だが、大学院での研究に適合的なよい研究テーマを把握するのは、必ずしも容易ではない。一般に自分が打ち込める研究テーマの把握には視野を広く持つことと、探索的な知的放浪が必要である。実際、修士課程の1年次のはじめに煮詰まった形で研究テーマを設定することは至難である。明確な限定された研究テーマを設定することは、同時に、その解答のための基本的視点のある程度の組織化を必要とするものである。修士課程1年次の終わりの段階で、本当に明確に研究テーマを設定できれば、健闘と言うべきである。そのためには、志願の段階から、研究テーマの明確化の努力が要請される。

(3) ディシプリンの明確化と習得

　ここでのディシプリンとは、理論を備えた特定の専門分野のことを言う。例えば、社会科学においては、社会学、経済学、法学、政治学、経営学、行政学、文化人類学は、それぞれディシプリンと言いうる。それぞれのディシプリンは固有の問題群、現実に対する視点、専門用語群、理論群を有している。大学院において社会学を学ぶためには、それをディシプリンとして習得すること、すなわち基

礎理論書を系統的に読破し、専門用語群を自分の言葉として使いこなせるようになることが必要なのである。もしも、ディシプリンの獲得ができないのであれば、現実認識は日常語を使用するほかはなく、日常語の地平での議論しかできないことになる。もちろん、社会の中のさまざまな場所で生活している人々の有する個別的な日常知、あるいは、総体としての日常知は、きわめて示唆的な洞察を社会科学者に提供する。だが、社会科学が、社会現象の中に規則性の発見や意味の発見をしていくためには、日常語をこえて独自の専門語を形成し、それを駆使する必要がある。

（4）進学希望先の選択

以上のような決意と前提をもって、大学院への志願を決めた場合、次に問題になるのは、どのような大学のどのような研究科を志願するのがよいのか、ということになる。そこには多数の要因を考慮に入れなければならない。例えば、通学時間や授業料の高低、入試の難易度なども考慮の要因となるであろう。だが、言うまでもなく、もっとも大切なのは、大学院教育の内容である。教育の内容を見る場合、自分の取り組みたい研究や自分の希望する能力向上を首尾良く進学先で獲得できるかが問題となる。

そのような視点から見ると、二つのことを考える必要がある。第一に、カリキュラムや指導体制の適切性についての検討。大学院案内や説明会などで、自分の希望との適合性を十分に吟味する必要がある。第二に、自分に適合した指導教員に出会うことができるかどうか。少なくとも志願候補先の教員の研究内容や研究成果については、調べておくべきである。特に、指導教員の候補と考える教員の論文や著作は、しっかりと読んでおくべきである。研究者として共感できるか、また広い意味で人間として波長があうかどうか、といったことを考えておくべきである。

日本における学部レベルの大学進学の動向においては、入試難易度や、大学名・学部名のブランドイメージというような要因が、志望動向に大きな影響を与えている。だが、大学院の場合、それと同じような基準で判断したのでは、うまくいく保証はない。

　あらゆる進路選択がそうであるように、大学院進学についても、いろいろと情報を集め合理的な判断をしようとしたとしても、最後にはどうしても、未知の部分とリスクは残らざるを得ない。その場合、突き詰めれば、どのような「内的促し」を感じているのかが判断の鍵となるであろう。そして、前に進むためには、森有正のいう意味での「冒険」に身を投じることが必要になってくる。

■討議・自習のための課題

1. なんらかの古典的著作についての読書ノートを、もとの著作の5〜10％の長さの頁数で、作成してみよう。

2. 自分にとっての卒論の候補テーマを考えてみよう。そのテーマの探究のためには、どのような探究手続きが必要であろうか。

【文献】
青山秀夫，1951，『マックス・ウェーバー：基督教的ヒューマニズムと現代』岩波書店.
飯島伸子・鳥越皓之・長谷川公一・舩橋晴俊編，2001，『講座環境社会学』全5巻，有斐閣.
内田義彦，1966，『資本論の世界』岩波書店.
川喜田二郎，1967，『発想法—創造性開発のために』中央公論社.
北川隆吉・塩原勉・蓮見音彦監修，1998-2010，『講座社会学』全16巻，東京大学出版会.
見田宗介・上野千鶴子・内田隆三・佐藤健二・吉見俊哉・大澤真幸編，1998，『社会学文献事典』弘文堂

第12章 教える側から見た社会学

　これまでの章では、社会学を学ぼうとしている人を想定して、個別の主題や方法に即して、社会学をいかに学ぶかについて説明を試みた。この最後の章では議論の仕方を転換し、「教える側から見た社会学」について語ってみよう。そのような議論も、社会学を学ぼうとする人たちにとって、なんらかの参考になると思われるからである。ただし、私の経験は、そのつどの特定の歴史的・組織的条件を前提にしているので、その条件の異なる時期や場所では、必ずしも適用できないであろうことをお断りしておきたい。

1．マスプロ大学の条件のもとで、いかなる工夫が必要とされたか

　私が法政大学社会学部に専任講師として着任したのは、1979年の4月であった。当時は社会学部は第1部、第2部（夜間）とも、市ヶ谷キャンパスで開講していたが、典型的な大規模私大の諸困難を抱えていた。当時の大規模私立大学が抱えていた困難さは、例えば、尾形憲氏の『私立大学―"蟻地獄"の中から』（尾形 1977）に、よく表現されている。尾形氏の著書は新書というコンパクトな形式の中で、当時の問題点を包括的に記していた。

　客観的に見ても、当時の私立大学と国立大学の間では、私大のほうが授業料がずっと高く、教員と学生の比率も、ほぼ3〜4倍の格差があった。私大の学生は、国立大よりずっと高い授業料を払いながら、当時は設備も貧弱であり過密であった。科目登録している

学生数は時に座席数の３倍にも達し、半分の学生が出席すれば立ち見がでるという状況も珍しくなかった。カリキュラムの体系性は弱く、マスプロ授業が多く建物設備も不足している。授業料は高いのに教員との人格的接触は希薄である。これでは、学生がやる気をなくし、不満とあきらめが鬱積していくのも無理がない。

　新任教員として着任する直前、あるベテランの教員の方から、よもやまの話を聞かせていただいた。いろいろと困難な条件、難しい問題があるという話が続いたが、最後に一言、「やる気のない学生も多いんだが、トップの一割の学生は優秀だ。それがわれわれにとって救いなんだ」と。

　この言葉は、教員の情熱もやりがいも、向学心のある学生、あるいは、精神的飢餓感のある学生との出会いによってこそ支えられていることを、端的に示している。学生の側から見れば、教員はずっと高いところにいるように見えるかもしれないが、実際には、教員の熱意もはりあいも学生の態度に非常に左右されるのである。ただし「１割」という比率は、当時の物的条件の劣悪さと、カリキュラムの洗練の不足という条件に規定されていたと思う。これらの条件が整備された今日においては、教員の助言が的確であれば、８割の学生は、「この学生を教えていてよかった」という思いを教員に抱かせてくれるものである。

　おそらく、どの時点でも、大学教育の客観的条件を理想的な状態に整えることは困難であろう。欠点や不足は、絶えずいろいろな形で現れてくる。時代状況によっては、極端に悪い条件のもとで、何とかしなければならないということも起こってくる。しかし、どのような不利な状況の中でも、向上心を失わない一定数の学生がいる。いかに条件が悪くても、ちょっとした隙間や手がかりを見つけては、自分を高みに導く階段を発見し、はい上ってくるような学生である。

1979年4月以降、自分に託された講義やゼミの内容を、私なりに充実させたいという所から、私の模索が始まったが、その過程で教育への意欲を支えてくれたのは、常にそのような熱意と向学心のある学生たちとの出会いであった。

2．ゼミの運営の工夫と開眼

新任教員として着任したとき、別の先輩教員よりこう言われた。「ゼミの運営は難しいよ。自分は、16年間ゼミをやってきたけれど、うまくいったのは、2回だけだ」。この言葉は、初めてのゼミ担当への緊張と同時に、なんとかゼミをうまく運営したいという気持ちをかき立てるものであった。しかし、最初の年に3年次のゼミを担当したが、とまどうことが多かった。すでに2年間在学していた学生たちを相手にしたのだが、読書ノートを取った経験のある者が誰もいなかった。理論的な書物は消化不良を引き起こした。サブグループを作った運営も試みてみたが、自発的な動きにつながらなかった。1年目、2年目と、人並みにあれこれ工夫したが、いま一つ成功を感じることができなかった。

私がゼミの運営に開眼したのは、着任3年目（1981年度）の2年生の演習においてであった。そのとき、次のような組み立てを採用したのである。その根本の考え方は、学問の方法については、他の講義に頼らず、すべてをゼミで教えようというものであった。

第1に、正規の時間帯で開講する本ゼミに加えて、それ以外のサブゼミを毎週1回自主開講することにし、ゼミ生の出席を参加の条件とした。本ゼミでは、「学習の方法」「社会学の方法」を体系的に教えると共に、古典的著作を重点的に取り上げることにした。サブゼミは、学生中心の運営とし、社会学の入門書と、現代社会の社会問題を扱う新書レベルの図書を多読するようにした。

第2に、年間の最後の目標をゼミ論の執筆と「ゼミ論文集」の作成におき、「研究の方法」一般を教えることに加えて、各人のゼミ論準備レポートの作成機会を2回（夏休み前と冬休み前）設定して、それにコメントするようにした。

　第3に、毎週のように「小さな課題」を宿題として出し、「階段を上るように」一歩ずつ、高みに登っていくようにした。その際、課題設定の内容と分量、および、そのために提供する時間の幅を適切に設定するように配慮した。

　このように運営した1981年度の2年生のゼミは変貌し、文化革命ともいうべき飛躍を遂げた。参加者12名が年間を通して正規のゼミもサブゼミも全員毎回出席し、年度末には充実したゼミ論文集ができた。ゼミとしてヒットを打てたという実感があった。

　なぜ、この年度の学年のゼミ運営はうまく行ったのか。それは、ようやく3年目にして、ゼミ運営の二つの原則を、自分なりに明確にすることができたからであろう。第1の原則は、「ゼミにおいては、学生に勉強にとどまらず研究することを求め、その具体化として論文の執筆を運営の柱にすること」、第2の原則は「教育と研究を重ね合わせること」である。第1の原則は、「アランの理論」に負うところが大きく、第2の原則は、その後さらに社会調査として、具体化することになった。

3．石堂常世「アランの理論」と論文の執筆

　論文執筆をゼミの運営の柱にするという第1の原則の確立にあたっては、教育学の本を独習して得た視点がヒントになっている。多くの新任教員がそうであるように、教員として大学の教壇に立つという展望が得られてから、私は教育学の本を何冊も読みあさった。そのような独習のなかで、例えば、大村はま氏の著作（大村 1982-

85）は示唆深いものであった。公立の小・中学校での長年にわたる同氏の国語教育実践は、各方面から高い評価を受けているが、中でも私にとって示唆的であったのは、教員は自分が感動を感じている主題を取り上げ、それを生徒に伝えるべきだということだった。聞いている側が面白いと感ずるためには、話す側がこの内容を是非伝えたいという思いを持つことが必要である。

　その他さまざまな教育学の本は、それぞれに教示に富むものであったが、私の教育方針を支える根源的な方向づけは、石堂常世氏の論文「アランの理論」との出会いによって与えられた。教員としての着任前後に何冊かの教育学の本を読んだが、「アランの理論」に出会った時、「これこそ自分が探していた真の教育の指針だ」という思いを持った。この論文はフランスの哲学者アランの教育思想のエッセンスを紹介している10頁ほどの短い論文であるが、教育哲学の本質的な論点が提起されており、私は30年以上にわたって繰り返しゼミのテキストとして使用している。

　「アランの理論」には示唆深い文章が数多くあるが、特に重要なのは次のような論点である。第1に、教育の中心的目的を知識の伝授に置くのではなく、批判的思考力の形成におくことである。本論文では、「考えよりも考えることが大切なのである」というカントの言葉や、「真理よりも理性のほうが大切である」というアランの言葉が引用され、この論点が繰り返し説かれている。批判的思考力の形成とは、あらゆるものに対して、すなわち、自明なものや、権威があると思われるものに対して、懐疑し距離をとる能力を要請する。そのことを突き詰めれば、自己に対する懐疑や批判が可能でなければならず、自己克服の努力が要請されるのである。そして、そのような過程を支える意志力の形成が課題になってくる。第2に、教育は各人における自己探究を触発し支えるものであるべきだとい

うことである。教育は、各人における「本来性の探究」を奨励し、促進するものであるべきなのだ。自分の生き方に対して、各自が真剣な関心を持ち、自分で自分を導くことが大切なのである。第3に、教育の方法として、古典的著作を何回も読むこと、そして、その内容をノートすることという方法をアランは提唱している。

このような「アランの理論」は、学問のエートスはもとより、人間の生き方についても大きな示唆を与えてくれると同時に、講義やゼミの運営についての具体的指針と方法を教えてくれる。私は「アランの理論」によって論点を整理することができ、第1に、思考力の形成のために、「論文の執筆」をゼミの運営の柱にすることにした。第2に、ゼミでは、その一部に古典的著作の読解を課題として設定するようにし、その内容の理解のために、読書ノートをつくることを課題として出すようにした。

4．教育と研究を重ねあわせること

着任3年目から充実感をもってゼミが運営できるようになったもう一つの根拠は、「教育と研究を重ねあわせる」という原則が、自分にとって明確になってきたことである。大学は、教育と研究を二つの主要な課題としている。では、この両者の関係はいかなるものであるべきなのだろうか。この問いは、組織運営の水準においても、教員各人の営為という水準においても問題になるが、ここでは教員個人の取り組みというレベルで考えてみたい。

今日、一部の論者は、大学における教育機能と研究機能の分離を提唱している。私はそのような分離論に根本的な疑問を抱いている。というのは、大学教育というのは、単なる知識の伝授ではなく、研究能力（あるいは、批判的思考能力）を学生に涵養することに、本質的な課題があると考えるからである。研究能力を学生が身につける

ためには、研究過程に学生が参加することが不可欠である。また、教員の立場から見ても、「研究と教育とは別である」と割り切ったとたんに、研究のための時間と教育のための時間が外的に競合し、研究時間を確保するために、教育のための時間を削減しようという誘惑が生じやすいという問題がある。

これに対して、研究と教育を重ね合わせることにはいくつものメリットがある。学生から見れば、研究をとおしてこそ学問の面白さを実感できるし、創造性を発揮でき、やりがいを感ずることができる。教員から見ても、例えば、ゼミの学生を「研究助手」的な役割担当者として位置づけることができ、集団のチームワークによって、個人ではできない研究を実現できる。

「教育と研究を重ね合わせること」という原則の提唱に対して、それは理想論であり、現実の学部レベルの学生の意欲や能力では、それは不可能ではないか、という類の反論が寄せられるであろう。そこでこの提唱については、「少なくとも社会学のいくつかの分野では重ね合わせることが可能である」という一定の限定をつけておこう。その上で「教育と研究を重ね合わせること」が、私の研究室でどのようにして可能になったのかを振り返ってみたい。

5．金山ゼミの衝撃

私のゼミが本格的な社会調査に踏み込み、それを継続することになった転機は、1981年の夏休みに社会学部の先輩教員である金山行孝教授のゼミが実施している青森県六ヶ所村の調査に、オブザーバーとして参加したことである。金山ゼミとの出会いは衝撃的なものであり、ゼミのあり方に開眼をもたらした。

金山先生は、生物学が専門であり、その基盤の上に講義では環境論を担当していたが、ゼミでは、青森県六ヶ所村におけるむつ小川

原開発を対象にして、理系の要素と文系の要素をあわせもつ調査を行っていた。その調査は、1972年度から28年間にわたって続けられた。金山ゼミの調査は2、3、4年生、さらには卒業生数名も合流し、総勢40名ほどの大集団が1週間ほど現地合宿を行うという形でなされる。

　私は、まずその集団的な規律に驚いた。40名余の学生が、数名ずつの班に分かれ、規律をもってスケジュールをこなしていく。その雰囲気には、運動部的なものがあった。次に感心したのは、調査日程の組み立ての密度が濃いことである。複数の班をつくり、それぞれの班が、数回の聞き取りをしたり、自然科学的なサンプルの採取を行ったりする。一つの班には、異なる学年の学生が属しているから、世代間に知識と運営のノウハウが継承されていく。

　第3に、学生の自立性、主体性が発揮された運営となっており、調査の運営は基本的には学部学生だけで実施され、ティーチングアシスタントなどはいない。学生の労力投入は非常に大きい。

　1981年当時の市ヶ谷キャンパスは現在とは比べものにならないほど設備が貧弱であったが、金山研究室には、長年の努力により、コピー機や写真関係の資料を保管するための冷蔵庫まで備わっていた。当時のマスプロ状況の中で、学生にとっては金山研究室だけは別世界であったと言える。研究室は学生達が集いを結び、収集した豊富な資料を駆使しながら、集団的な作業が継続的になされる場となっていた。金山ゼミの中心メンバーをみると、卒業までに自分の潜在力を十割伸ばしきって卒業していくという感があった。彼らは輝いていた。他の多くの学生が、2〜3割しか自分の力を伸ばさないうちに卒業式を迎えてしまうのとは、雲泥の差である。

　カリキュラムも洗練されておらず、物的条件が劣悪で、マスプロ授業ばかりでも、一人の教員がまじめに努力すれば、「小さいけれ

ども本当の大学」が出現するのだ。私が社会調査の基本を学んだのは、自分が1970年代に所属していた国立大の大学院ではなく、法政大学社会学部の金山ゼミである、と言うことができる。

　金山ゼミの調査合宿に同行して学んだ手法を使って、翌年から私のゼミは、私の研究主題と重ねる形で、本格的に社会調査を行うようになった。前述のように1981年度の2年次ゼミ生集団は「ゼミの文化革命」を実現した学年であった。そして、この集団なら、本格的な社会調査を実施できるのではないかと考え、翌1982年度に、名古屋新幹線公害問題の調査に取り組んだのであった。参加者は10名、期間は5日間、フィールドは名古屋市の新幹線沿線の7kmの公害被害地帯であった。この調査は、私と一緒にこの問題を調査していた院生・助手クラスの3名の若手研究者も参加していた。

　細部においては、失敗や困難がさまざまにあったが、全体としては30件ほどの聞き取りを実施することができ、この調査は成功であった。最終日の夕方、別行動をとっていた4つの班が、すべて予定通り名古屋駅頭に再集結したとき、大きな安堵感と達成感を感じることができた。だが、この社会調査は非常に重荷感と緊張感を伴うものであり、翌年どうするかなどは、しばらくは考えたくもなかった。けれども翌年度のゼミでは、東北新幹線建設地域で地域紛争の渦中にある埼玉県南各市町と東京都北区において、同様の調査を実施することになった。以後、結局、3年次のゼミを担当した年度は、必ず社会調査を実施することになった。法政大学に着任した1979年度には、そのような展開は、まったく予想もしていなかったことである。

　なぜ、そのように、多大な労力と困難、事故のリスクも伴う調査実習を毎年、実施するようになったのか。その理由は、調査実習が、学生集団にとっても私にとっても、他では得られない充実感あるい

は手応えを与えてくれるからである。社会学を学ぶにあたり、書物を読むだけでは決して得られない経験を、社会問題を主題にした調査実習はあたえてくれる。そして、真剣に実習に取り組んだ学生はたくましく変貌する。

6．4年の卒論演習と贈る言葉

　このようにして、3年次で集団で調査実習を経験したゼミ生は、4年次で個人ごとに卒論を執筆する。卒論執筆の過程で注意すべき事項は、第11章で述べた通りであるので、ここでは、最後の卒論発表会について記そう。

　各年度の最後の段階で、卒業論文の執筆の後、学部のきまりでは、卒論面接をすることになっている。当ゼミでは、この面接を教員と学生の1対1の面接ではなく、2年生、3年生、4年生の3学年のすべてのゼミ生が参加する研究発表会方式で行っている。2年生、3年生には、それぞれ一つの卒論についてのコメンテーターの役割を割り当てる。4年生は副本2部を作成し、自分の卒論のコメンテーターを担当する2年生、3年生に、あらかじめ渡しておく。

　卒論発表会のあと、最後に、私は講評を行う。それは、卒論全体に対する評価を話すのであるが、同時に、4年生に話のできる最後の機会でもある。この機会を利用して、私は卒業生に対して、もっとも言っておきたいことを言うのである。その大きな論点は二つである。

　いよいよ本日の卒論発表会をもって、皆は、卒業の日を迎えることができる。皆と過ごした3年間はとても楽しかった。まとまった話ができるのは、今日が最後の機会であるので、卒業を控えて、ぜひ心にとめていただきたい二つのことを話したい。それは、「理想＋不可知論」および「尊重性と超越性」ということである。

　理想という言葉を語るのは、今日、あまりはやらないかもしれな

い。だが、ここで理想を持つということは、価値合理性を堅持するということであり、「本来性の探究」を志向する場合には、自ずと課題になるものである。志向する価値の内容は、各人さまざまであってよい。この意味での理想を持ってこそ、充実した人生を創り出すことができるであろう。また、理想を持たない人間は魅力がない。しかし、理想の追求は、一歩誤ると、独善的、あるいは、独裁的になりうるものであり、逆に、他の人々に対して害悪となりうるものである。そうならないためには、理想の追求が同時に、森有正の言う意味での不可知論的態度を伴わなければならない。ここで、不可知論とは、「もしかしたら自分はまちがっているかもしれない」ということを決して忘れず、自分に対する懐疑・批判の態度を持っているということである。このような意味で、理想の探究と不可知論的態度を同時に備えていることが、人生においてなにごとかを果たすために必要であるように思う。

　もう一つの「尊重性と超越性」について。尊重性とは、一人ひとりの人間を、一個の人格を有する個人として大切にし、適正な配慮をすることである。尊重性は、家族でも、近隣でも、職場でも、社会調査の現場でも、良い人間関係を築く基本である。これに対し、超越性とは、相手あるいは対象に対して距離をとれること、精神的に拘束されないこと、自分の判断を留保できることである。自分が相手に対して、自由であることである。尊重性と超越性を、同時に、同じ相手あるいは対象に対して保持できること、これが、人間関係、社会関係において大切であると思う。そして、さらに、この「尊重性と超越性」を自分自身に対する態度においても、維持することが肝要であると思われる。尊重性と超越性は、一見したところ、矛盾しているように見えるかもしれない。両者を同時に兼ね備えるということは、いかにして可能になるのだろうか。そのよりどころは、道

理性と合理性に対する感覚である。道理性と合理性を備えた主張や態度は尊重するべきである。逆に、それらを備えていない場合には、そのような主張にはとらわれないこと、場合によっては、「ノー」と言えること、すなわち超越性の発揮が大切である。

今までのゼミの3年間で、皆には膨大な知識や理論概念を話してきた。皆は現時点までに相当のものを習得してきたが、知識は年と共に古くなったり、忘却されたりしていくであろう。それはそれでよい。だが、以上に述べた二つのことだけは、皆の卒業にあたって、贈る言葉として、是非忘れないでいただきたい。長い人生の間に、この言葉の意味と大切さを感得する時がきっとあると思う。

本書はここで完結となるが、本書を可能にしたのはこれまでに出会ってきた向上心あふれる学生諸君との交流である。本書をそのような交流の経験の証として、それらの諸君に捧げることにしたい。

■討議・自習のための課題
1. 学生だけのサブゼミや研究会をうまく運営するためには、どのような方式や工夫が必要だと考えられるか。
2. あなたには社会調査実習や研究発表の機会はあるだろうか。もしそのような機会が無い場合、それらの経験を積むことは、どのようにしたら可能となるであろうか。

【文献】
石堂常世, 1971,「アランの理論」金子孫市監修『現代教育理論のエッセンス―二〇世紀教育理論の展開』293-305.
大村はま, 1982-84,『大村はま国語教室』全15巻, 筑摩書房.
尾形 憲, 1977,『私立大学―"蟻地獄"の中から』日本経済新聞社.

【著者紹介】

舩橋晴俊（ふなばし はるとし）

　法政大学名誉教授（1948-2014）。東京大学大学院社会学研究科博士課程中退。2009-2013年法政大学サステイナビリティ研究教育機構機構長。専門は、環境社会学、社会計画論、組織社会学、社会学基礎理論。日本社会学会、環境社会学会会員。日本学術会議連携会員。主な著作として、『新幹線公害─高速文明の社会問題』（共著、1985年、有斐閣）、『講座社会学12　環境』（共編著、1998年、東京大学出版会）、『新潟水俣病問題─加害と被害の社会学』（共編著、1999年、東信堂）、『「政府の失敗」の社会学─整備新幹線建設と旧国鉄長期債務問題』（共著、2001年、ハーベスト社）、『組織の存立構造論と両義性論─社会学理論の重層的探究』（単著、2010年、東信堂）、『環境総合年表─日本と世界』（共編、2010年、すいれん舎）、『核燃料サイクル施設の社会学─青森県六ヶ所村』（共著、2012年、有斐閣）、『東日本大震災と社会学』（共編著、2013年、ミネルヴァ書房）、『原子力総合年表─福島原発震災に至る道』（共編、2014年、すいれん舎）、『A General World Environmental Chronology』（共編、2014年、すいれん舎）、『社会制御過程の社会学』（単著、2018年、東信堂）。

社会学をいかに学ぶか　　現代社会学ライブラリー 2

2012（平成24）年7月30日　初版1刷発行
2020（令和2）年7月15日　同　2刷発行

著　者　舩橋　晴俊
発行者　鯉渕　友南
発行所　株式会社　弘文堂　　101-0062 東京都千代田区神田駿河台1の7
　　　　　　　　　　　　　　TEL 03(3294)4801　振替 00120-6-53909
　　　　　　　　　　　　　　https://www.koubundou.co.jp

装　丁　笠井亞子
組　版　スタジオトラミーケ
印　刷　大盛印刷
製　本　井上製本所

Ⓒ2012　Harutoshi Funabashi. Printed in Japan

[JCOPY] ＜(社)出版者著作権管理機構　委託出版物＞

本書の無断複写は著作権法上での例外を除き禁じられています。複写される場合は、そのつど事前に、(社)出版者著作権管理機構（電話03-5244-5088、FAX 03-5244-5089、e-mail: info@jcopy.or.jp）の許諾を得てください。
また本書を代行業者等の第三者に依頼してスキャンやデジタル化することは、たとえ個人や家庭内の利用であっても一切認められておりません。

ISBN978-4-335-50123-4

現代社会学ライブラリー

定価（本体1200円+税、＊は本体1300円+税、＊＊は本体1400円+税）

1.	大澤 真幸	『動物的／人間的——1.社会の起原』	既刊
2.	舩橋 晴俊	『社会学をいかに学ぶか』	既刊
3.	塩原 良和	『共に生きる——多民族・多文化社会における対話』	既刊
4.	柴野 京子	『書物の環境論』	既刊
5.	吉見 俊哉	『アメリカの越え方——和子・俊輔・良行の抵抗と越境』	既刊
6.	若林 幹夫	『社会(学)を読む』	既刊
7.	桜井 厚	『ライフストーリー論』	既刊
8.	島薗 進	『現代宗教とスピリチュアリティ』	既刊
9.	赤川 学	『社会問題の社会学』	既刊
10.	武川 正吾	『福祉社会学の想像力』	既刊
11.	奥村 隆	『反コミュニケーション』＊＊	既刊
12.	石原 俊	『〈群島〉の歴史社会学——小笠原諸島・硫黄島、日本・アメリカ、そして太平洋世界』＊＊	既刊
13.	竹ノ下 弘久	『仕事と不平等の社会学』＊＊	既刊
14.	藤村 正之	『考えるヒント——方法としての社会学』＊	既刊
15.	西村 純子	『子育てと仕事の社会学——女性の働きかたは変わったか』＊	既刊
16.	奥井 智之	『恐怖と不安の社会学』＊	既刊
17.	木下 康仁	『グラウンデッド・セオリー論』＊	既刊
18.	佐藤 健二	『論文の書きかた』＊	既刊

信頼性の高い21世紀の〈知〉のスタンダード、ついに登場！
第一級の執筆陣851人が、変貌する現代社会に挑む3500項目

現代社会学事典 定価（本体19000円+税）

好評発売中

【編集委員】大澤真幸・吉見俊哉・鷲田清一　【編集顧問】見田宗介

【編集協力】赤川学・浅野智彦・市野川容孝・苅谷剛彦・北田暁大・塩原良和・島薗進・盛山和夫・太郎丸博・橋本努・舩橋晴俊・松本三和夫